決戰與決策

大時代的生存兵法《言武門兵法》

言武門兵法

觀　史　盤　覓　習　整　變　轉　逆

言武門兵法

許宏 編著

順著命，轉著運

文／許勝雄

人生無法規劃，只能靈活應對變化。

該來的總會來，避開還會跟來，因果就像巡弋飛彈，鎖定後，命中要害。

一命二運三風水四積陰德五讀書，因果在命占了八成，其餘的所有相加才有那 20%。當然這不是絕對數值，卻是要告訴你，命真的都在因果的大自然裡。

40 多年來，在我手上排過的紫微斗數命盤已經不計其數了。當遇見好的格局、好的命、優的運，對方聽來開心，我講起來也輕鬆也歡喜。反之，我將比對方更沉重。表達的力道與角度都必須拿捏得很精準，否則就像被法官與醫生判了死刑，毫無生機可云。

這一刻，我清楚明白著，命理師是精神導師，一句話就能扭轉一個頹廢的靈魂。

很多人問，順境應該如何，我說【穩健衝刺】。

逆境又應該如何，我說【順命而行】。

這一句順命而行，改變了很多人逃避的心態，轉而從容面對。

有災，避災，不忘造福。

破財，就破財，花錢布施也消災。

這就是順命而行。運勢不好，那麼就淨心行善，放慢腳步，充實自己，重新整頓氣場，待那時之我與。

決策必須智慧的提升，決戰必須能力的躍進。命是改不了的因果，運卻是掌握在你手中的決戰與決策。

這本書，善用之，必改運。

屋頂

文／溫嵐

生命有如一曲永不止息的旋律，舞動著肢體，震盪著喉輪，將愛化作音符，一波波傳遞。偶有平鋪直述，也總暗藏玄機，在那曲折離奇中高潮迭起。

感受屋內的幸福，別忘屋頂的偉大。

那是為愛撐起的堅強，不是傻瓜。

在妹妹 Mandy 的引薦安排中認識了許宏老師，更有幸詳閱細讀了一系列的著作，看到的不是文字的風花雪月，而是靈魂綻放的感動。

這一本《決戰與決策》更是勾起了我細胞潛藏的記憶，彷彿進入了時光隧道，看到了泰雅族原始真誠勇敢的風貌，同頻共振了2011年我所參與魏德聖導演的那一部《賽德克·巴萊》。史詩般的震撼，更有可傳承的智慧。

本書是大時代的兵法，但不是教我們打仗，不是教我們攻城掠地，不是叫我們獵人頭，不是教我們傷害別人利益自己。而是引導我們正確的方向，運用正確的方法，在那翻騰的思維邏輯中，生存了自己，幫助了真諦。戰勝了環境，回饋了天地。

全書的關鍵九個字【觀史盤覓習整變轉逆】已是我奉為錦囊的指標，在每一個決策與行動前，必然深思的歷程，過濾所有的多

餘，精煉一切的必須。

舞臺上有舞臺上的【美】，舞臺下有舞臺下的【真】。臺上臺下卻都因為【善】而令人興奮。該沉靜就沉靜，該激昂就激昂，該留白就留白，因為這一切都是最真善美的自然。

賽德克 Seediq 是【人】，巴萊 Bale 是【真正的】，全名即是【真正的人】。就像 Philo 是追求，sophy 是智慧，Philosophy 哲學，就是智慧的追求。

我出生在最容易被天災地變所肆虐的尖石鄉，每逢颱風必斷水斷電斷出路斷救援。但也因為這樣無常中的尋常，我們找到了生命彩虹般的真理與燦爛。更能珍視感激每一次豐年祭，那所有看不見的力量之幫忙。

但，我清楚，決策在我們的腦子，決戰在我們的胸膛。隨時都得善用手中所有的力量。當個大智若愚的傻瓜，站在屋頂眺望明天的不一樣。

決戰與決策，為何我推薦，到底？
因為這本書能讓你成為【真正有智慧的人】，
Philosophy Seediq Bale.

決策方向，實戰方法

文／葉珈寧

　　從事塔羅占卜教育這份志業多年來，看盡人生百態，理解蒼生疾苦，當然也藉此增長了許多智慧，無限感激。

　　生命中的很多安排都是自然的因果所鋪陳，人們所能做的，只是妥善面對你的遇見，積累自己的經驗，堆疊自己的能力，在那每一個必須決戰的時刻，做出最完美的決策。

　　空間不足以阻擋相知，時間不足以隔絕相惜。至今我沒見過許宏老師，卻已在空中用語音用文字用真誠通透了彼此。

　　許宏老師的作品都是天地釀造的智慧，許宏老師的文字更是穿越時空的能量。兩年來在微信裡，朋友圈中，許宏老師行雲流水之短文中源源不絕的思維激盪，我也共振了無比的感動。不曾間斷的習慣，誰能不震撼。

　　2018 年 12 月，有幸與許宏老師合著了《成就渴望的臨界點／心想事成方程式》，翻轉了很多人錯誤的思維。今天能為這部《決戰與決策／大時代的生存兵法》作序，更是感到無比榮耀。

　　塔羅，是在方向兩難時，大自然給予的指引。但在指引之前後，咱們都得做足了充分的功課，而非只是聽天由命。本書就是生命前行的最佳指南。

　　塔羅，塔羅，當然有其專業的論述。然而我們用中文字眼來探究，也能知曉其內涵。

塔，有如金字塔，神祕而充滿力量。有如燈塔，照亮了迷途。

羅，有如羅馬，古老而令人嚮往。就像那句【條條大路通羅馬】已代表了成功的標的。建構了邏輯，讓生命的方針不脫序。

若問《珈寧塔羅》為何物？

就是【決策方向】的指引。

若問《決戰與決策》的精髓，

就是【實戰方法】的簡化。

只用九個字【觀史盤覓習整變轉逆】戰勝生命一切事。一書在手，如擁奇才，拜軍師。

當自己人生的主持人

文／劉兵

在我生命中有三個重要的階段，一是學生，二是主持人，三是老師。

在大學我主修英文，研究所主修戲劇，然而中西方各種經典文化，卻也都是我滋養生命靈魂的資糧，包含山、醫、命、相、卜五術。也因為語言上的優勢，舞臺上的磨練，雙語主持成了我跨越國際藝術殿堂的一大特色，也給了我自己扶搖直上翻騰展現的絕佳機會。

而今從幕前轉為幕後，從學習轉為傳承，在上海戲劇學院擔任老師的這些年，看著優秀無比的學生們在表演藝術的路途上不斷出類拔萃，青出於藍，更勝於藍，我很是雀躍。於是我更堅定的燃燒著我的生命持續加溫這薪火相傳的使命火炬。

2018 年 4 月，在學生王子的熱情懇切的引薦安排中，我認識了許宏老師，「相見恨晚」已不足以形容這一場相遇的震撼。一股感染力、攝收力、穿透力，有如波浪般的前仆後繼，來自許宏老師親和而自在的眉宇。

記得當時隔天正是《翻轉命運的力量》這本書的新書發佈會，有幸齊聚，不勝感激。許宏老師就用了出生年月日幫我們解析了生命靈數、紫微斗數，集結了中西方的精髓，點出了我們的盲點，讓彼此更認識了彼此。

一見如故的知己，過去只在劇本裡。沒事不談天，有事乃立即。一年多來，許宏老師親自調配的精油至今都是我隨身攜帶的氣息。不只填補了我的空隙，更是隨侍左右的踏實呼吸。

表演的最高境界，就是詮釋深度的自己。
行銷的持續影響力，不在花言巧語，只在真誠無欺的樸實對待。
教育的無限延伸，更是身體力行的領導帶動。
這些感動，不只在許宏老師的書籍裡，更在他的言行合一。

《決戰與決策》這本書，是生命的兵法書，是生存態度的教戰守則。繼《孫子兵法》流傳於世界各地後，我認為這本書值得用全世界所有的語言翻譯，生根於每一個人的心底。

因為有了正確的決策，才能避免毫無意義的決戰。不戰而勝謂之真勝。在你人生的戰場，擔任自己真正的主持人。

劉兵真情推薦。

規矩建構安然
創意造就希望

文／蔡俊有

時至今日我已87歲了。若說人生70才開始，那麼我剛好17歲，未成年。

成年與未成年，在行為與刑責上，刑法與民法上有著不同的界定。雖然我擁有赤子之心，但我一定遵從法律所給予的規範。

法官與律師，是我這輩子最重要的兩項工作。數十年與法律接觸，更清晰明白了生命的邏輯。沒有規矩，不成方圓。沒有規範，何來方針？

人們若能在基本的共識中前行，才有幸福快樂的綻放。守法，才能守住幸福。僥倖，必然找不到幸運。

太多人以為自己聰明，其實笨得可以。因為人間法只是人類定義的公平，還沒進入天地自然的因果關係。犯罪只是懲罰，還沒迎接報應。千萬不要跟自己的未來過不去。

2019年3月23日星期六晚上18:30臺北市龍江路眾流素食，在江西省同鄉會的夥伴曠偉天的熱情安排下，認識了本書的作者許宏老師，相談甚歡。在咱們這塊土地上能有如此這般正能量正思維正行為的年輕人，確實是臺灣之幸。

人、事、時、地、物全然交代清楚，這是我的職業習慣，但不是病。本書《決戰與決策》給了生存法則的靈活運用，用淺顯易懂的文字描述了確切的方法，不誤導，不唐突，實乃不矯枉過正

的中庸之道。

　觀史盤覓習整變轉逆，只有九個字。卻是我花了近九十年歲月不斷在精進學習。並且還在持續，希望圓滿人生的第二個甲子。

　年輕人若能根據如此的定律活學活用，那就不會為了急功好利逞一時之欲，埋沒了良知，墜入了惡途。

　在規矩中，建構安然。
　在創意裡，造就希望。

　法律之前，人人平等。
　因果之間，不曾特例。

決戰與決策

文／許宏

　　細膩品味中華歷史上所有的兵書，一來感動，二來傷痛。兵戎相見盡是慘不忍睹的結果。再怎麼死傷不多，都是一兵一家庭破碎的哀歌。

　　過去的時代，徵兵鮮少自願的，抓兵都是必然的，逃兵也是此起彼落的。在那十萬青年十萬軍的悲鳴中，所有的兵都只是棋子。

　　而兵法是給將帥所閱，王者所驅的必備工具。能夠擁有個數十年的太平日子，已算盛世。

　　資訊相對透明，武器不斷翻新，毀滅力彼此恐嚇的時代。這世界已經進入了隨時可能玉石俱焚同歸於盡的窘境。

　　因此，本書不是教大家打仗，過去的兵法書也不適用於科技時代的戰爭了。所以我們談的決戰，其實是競爭。從個人到團隊，本書都是提升競爭力的最佳實戰寶典。

　　然而在那決戰之前的決策，更是要因應瞬息萬變的靈活準備。不論你是哪個行業，都必須切記【觀史盤覓習整變轉逆】這九個字的深度意義，將它變成你的反射動作，你就必然能夠造就翻雲覆雨的絕妙競爭力。

　　決策的準度決定決戰的力度，
　　平常的扎實度決定臨時應變的速度。

兵貴神速，
都在那每一個決策的穩健腳步。
生命不是隨時在決戰，
前進卻得刻刻在決策。
當決策成為了潛意識裡的習慣，
決戰的勝利已是那麼自然。

目次

PART 1　言武門兵法

PART 2　邏輯

PART 3　實戰篇

言武門兵法

言武門兵法

最早的兵法書，不可考。黃帝大戰蚩尤的祕技，相傳來自九天玄女所傳授之天書，由黃帝軍師風后整理成文字，即為傳說中的《奇門遁甲》之源頭。

《奇門遁甲》從 4320 局，風后簡化為 1080 局，姜子牙簡化為 72 局，張良再簡化為 18 局。漢朝之後各朝代的軍師經常也都將其派上用場，最有名的就是諸葛亮與劉伯溫。於是很多的戰爭除了一般人為的邏輯可以理解的方向以外，又在宇宙天地時空的元素中增添了許多神妙的色彩。

在那春秋戰國時期，兵法書皆以竹簡撰述，因此文字不可能太多。但百家爭鳴，至少有數百部兵法書在當時流傳，畢竟在那兵荒馬亂民不聊生的大時代，勝者為王，務實至極。

然而，誕生於 2500 年前齊國的孫武，看著如此生靈塗炭的狀態，19 歲就開始勘查各個古戰場，以最實際空間去推敲戰時各種優劣情勢的可能，最後完成了全世界最推崇的《孫子兵法》。

《孫子兵法》只有 13 篇，據說最後兩篇〈火攻〉、〈用間〉，是由其孫孫臏所補充。即使如此也只有五千多字，與《道德經》雷同。於是我們清楚了，山不在高，水不在深，字不在多，最重要的是實際好運用能有好結果。

孫武的兵法目的，是希望能夠輔助一明君一統天下，不是為了野心，而是希望快點平息征戰不休的時代，讓百姓能安居樂業。最後的結果，果然令人大失所望。他所輔助的吳王夫差，在取得半邊天下之後，百姓生活沒有改善，反而更糟。深刻體悟那【一

將功成萬骨枯，江山生靈更塗炭】的悲淒，於是告老還鄉，遠離戰場。

這一段歷史令我震撼，也是我真正決定素食的主因，1990 年至今已近 30 年。

兵法的使用，在戰場上只是過程，不戰而能屈人之兵，才是高竿。百姓能夠平安，幸福才是目的。因此，言武門兵法不談征戰，只談生存之道。在盛世得以茁壯，處亂世仍可安然。不只可用在商場，職場，更可運用在人際互動與情感。創造那自在而踏實的人生。

運用先人的古老智慧，融合時代變遷所應理解之元素，歸納一門生命實戰運用之哲學，化繁為簡。從思維導航，用行為轉換。確實運用，必有所感。

言武門兵法
1 觀 2 史 3 盤 4 覓 5 習 6 整 7 變 8 轉 9 逆
九個字應對天下所有人
九篇法道盡天下一切事
九部曲活用天下世間物

小至個人，大至團隊國家，
皆應細膩品味。
博覽古經，廣集今緯，
方能釀時空之智慧，為當下之所用。

　　武經七書乃《孫子兵法》、《吳子兵法》、《司馬法》、《唐太宗李衛公問對》、《尉繚子》、《三略》、《六韜》，皆為英雄大時代扭轉局勢之經典。

　　《言武門兵法》非為攻城掠地所撰述，而是為蒼生百姓生存之福祉所編著。不求豐功偉業，也得璀璨人生。

9-1 觀

言武子曰：

觀，非直視所見。應以四對八眼觀之，方為真見。

己眼，他眼，外眼，內眼，肉眼，心眼，古眼，今眼。

若無靜心，所見皆是表面，因此深層次的觀務必先靜心。

但靜心並不容易，卻也不難。難的是久靜，易的是暫靜。

靜心，先忘記自己，先不在乎自己。先忘了感受，先當自己的導師，當自己的父母，跳脫所謂的自我認知。

不是去問【我是誰】，而是【我是誰都無所謂】。

四對八眼乃下述八眼兩兩一對，互為陰陽，共四對。

己眼，用自己的角度來看，必然誤解。此乃經歷有限，資訊有限，驗證有限。他眼，以別人的立場來看，這是客觀，但依舊落入偏限。同步用己眼與他眼，角度比較廣泛，但並非全面。

外眼，是在人事物的外圍來看待，似乎一切不關自己，才有冷靜的思維。內眼，是在人事物的內在來體會，彷彿一切都是自己，才有感同身受的溫度。內外兼用，方能進入有我亦無我、是吾亦非吾的沙盤推演。

肉眼，生理之肉眼乃靈魂之窗，卻又限制了可見之波長。看不見不代表沒有，看見了又可能是幻覺，可信卻又不可全信。心眼，是一種退化的知覺，被慾望沖瞎的第三隻眼。唯獨靜心、沉澱，

23

才能在定中發現的智慧。不是神通,而是靈性的本能,莫誤解。肉眼心眼就是科學與哲學的平衡點。

古眼,是進入歷史的角度,體悟當代背景之轉變,那必然是另一種看見。今眼,是超越現實的蛻變,在科技衍生的趨勢中預見未來的發現。古眼今眼必須同在,方能不誤解於時代,不貴古賤今,不自大而忘本。追本溯源,無限綿延。

八眼全開,無所不見。

9-1-1

觀與關

生命必須閉眼也在觀,而非開眼卻已關。

應觀的是心,不該關的是腦。

我們說話前、做事前,要想清楚。

但你沒有邏輯,永遠不會清楚。

大多人會在平常給你溫暖,

卻在你的關鍵時刻拔腿就跑。

老天平常不一定會理你,

卻總保留在生死一瞬間拉你一把。

誰都一樣,福報有限,緣份有限別。

你,喜歡哪一種?

你一定回答後面這種，卻總是活在前面那種。心與腦有時會打架，最後經常的贏家就是心，因為心是恆常的習性，是潛意識，腦只是此刻的想法與觀念。

但習性不一定是對的，因為過去不一定有累積太多的智慧，所以心腦必須同步運用，平靜協調後達成共識，再開始行動。

9-1-2

不見而見

煩，如果可以解決事情，撲滅困擾，那麼請多煩點。

煩，只會燒掉你積累的智慧，毫無益處。

用言武門兵法【觀史盤覓習整變轉逆】取代你的煩。

拉長時間來看，

哪一棟樓不是海市蜃樓？

沙漠裡的水總是特別美，

不只因為少而珍貴，

更是來自那難以保存的嫵媚。

生命如同沙漠，

時間就是沙漏。

遇見的一切，瞬間荒蕪，甚至沒有變成泡沫的機會。

還沒開始，已經結束。

不要等到沒有頭髮的時候，

才想要綁辮子。

什麼樣的機緣就做什麼樣的事，就是隨緣與惜緣。

在每一個遇見，細膩品味與體悟，都是智慧啟動的開端。

埋下種子，陽光、空氣、水到位，芽必嫵媚。

使力於自然，自然必回饋。

不見而見，就是最美的遇見。

9-1-3

反觀

當你被瞧不起，

恭喜，這是你無干擾壯大自己的時機。

當你被畏懼，

恭喜，這是你展現包容呈現謙卑，凝聚團隊的時刻。

但大部分的人們，

前者抱怨，然後被消滅。

後者囂張，然後被毀滅。

思維正確，才有明天的太陽。

邏輯錯了，今晚也沒了月亮。

你不必給我機會，聰明人會給。

但你要變聰明人，給自己機會。

遇見災難，

第一件事就是逃離，不必帥氣。

第二件事就是檢討自己，避免再遇見。

選擇性記憶，是一種能力。

因為大部分的人都是【想記的記不住，想忘的忘不了】。

記憶中選擇，是一種停滯。

因為記憶中的知識都是習慣，卻不一定是智慧。

人們常常

說著自己並不懂的話，

做著自己說不明白的事，

就是行屍走肉。

無關對錯，對於每一個看見，都需反觀。

就是在那答案的背後，再找另一個答案。

9-2 史

言武子曰：

史，歷練之痕跡，時空之脈絡，依循之軌道。

良者，習之。莠者，慎之。

人之慣性，千古不移。

史，乃趨勢之母，決策之樞紐。

陽史，陰史，乃二史。

穿透二史，方為真知歷史。

歷史，包含兩個區塊，一個是已被記錄流傳的典籍【陽史】，另一個是未被發現的思維【陰史】。

歷史，也有兩個面相，一個是事件本身的現象【陽史】，另一個是自己翻騰的體悟【陰史】。

熟讀歷史，不是為了應付考試，也不是炫耀自己的記憶。而是在那交叉比對中，必然可以找出很多的資訊、線索，提供你接下來的決策運用。也能夠顛覆原本陳腐的思緒，更為你創造各種別人從未想過的全新機會。

中國五千年的歷史，元、清皆非漢族，卻皆深度漢化。

1271 年，忽必烈取周易【乾元】之語公布《建國號召》，建立漢語國號為【大元】，宣布新王朝為繼承中原歷代中華正統之王朝，史稱元朝。此為經之傳承。

1710 年 3 月，康熙 49 年，皇帝命陳延敬等人以明代之《字彙》與《正字通》為藍本編撰《康熙字典》，1716 年正式成書。第一

次以皇帝之名命書名，第一本稱為典之書籍。此乃典之延續。

在這兩件事上已可窺探漢文化之深度影響力，不必矯情而述。身為漢人，確實該感到慶幸與榮耀，但別驕傲。

歷史，應驗一句話，你所看到的記錄可能都是假的。官方所述，歌功頌德，醜化異己，那是必然。稗官野史，憤恨難平，哀怨陳情，扭曲真相，也是當然。所以，探究歷史必須比客觀還客觀，習其所以成，避其所以敗。莫把歷史教訓，只是當成片面之借鏡，顧此而又失彼。

歷史，不是只看書本上的歷史，知之有限，還得看看自己的歷史，深刻無缺。生命中走過的一切都必須如實記錄，即使沒寫在紙上，也得記在腦海。

對與錯，都不只是經過，而是帶來成長的真正源頭。

陰陽二史，智慧不死。

9-2-1

史與死

星球為何都是圓的？

這是磨久了的結果。

所有星星一開始都不是圓的，

不論是從氣體、液體、固體的狀態開啟那天地的成住壞空。

你說真空中，何來摩擦力？

我問自然何曾有真正的真空？
生命的循環也是如此，
稜角的現前是自然，
歷練的洗禮必圓融。
沒有摧殘，何生璀璨？

雖說盡信書不如無書，盡信史不如無史，但我們總可以在有限的資訊裡面，找到一點點蛛絲馬跡，讓真相不至於全死。

事實上，真相也不是極端重要，因為那都是早已不可考的死亡事蹟。但我們卻有必要從歷史上找到我們可以參考的依據，為的不是遙遠而永遠無法驗證的平反，而是為未來建構可以依循仿效的軌跡，少走冤枉路。

歷史，都是前人的事，干咱們什麼事？除了飲水思源、感恩前輩以外，更是我們必須思考，我們如何建構真正可以傳承於後世的指標。

因此，
請用生命成就那動人的【史詩】，
莫將軀體荒廢成無魂的【死屍】，
你用著你所有的生命，
在乎著你未來一定不會在乎的事，
卻不願意用那有限的歲月，
堆疊那天地蒼生所共同在乎的價值，
都是浪費。

＊＊＊＊＊＊＊＊＊＊＊＊＊＊＊＊＊＊＊＊＊＊＊＊＊＊＊＊＊＊＊＊＊＊

　在達爾文的進化論裡，告訴我們物競天擇，事實上那是生命改造自己的選擇，並且從心念上開始啟動。

　演化，不應是基因突變，因為變得也實在太巧合了。昆蟲的保護色是突變嗎？我想不是，是在那無可奈何的環境中，上一代為下一代所許的願，而這樣的信念逐漸的改變了生命的能力與外在，也算是生命自我進化的本能了。

　而這些自我進化的過程，每一段都是精彩絕倫的歷史。當然這是我的假說，我們稱為【心想事成進化論】。你可以細膩觀察，心想事成本來就是生物的本能。

＊＊＊＊＊＊＊＊＊＊＊＊＊＊＊＊＊＊＊＊＊＊＊＊＊＊＊＊＊＊＊＊＊＊

　你是披著羊皮的狼，

　還是長著狼毛的羊？

　是狼是羊是天性，但你可以讓自己不一樣。

　平日不顯狼，戰時不當羊。

　而上面這段論述，與【相由心生】異曲同工。

　【面惡心善】、【面善心惡】的形容，根本上就是錯誤。

　善惡的習性與表象絕對是一目瞭然，只是你看不懂罷了。

9-2-2

自己的歷史自己寫

一個人一輩子，

最少要寫兩部書。

不是情書與遺書，

不是計畫書與悔過書。

年輕時寫想法，

這是影響力的延燒。

年老時寫心得，

這是傳承力的深烙。

項羽 31，韓信 35，呂布 39，周瑜 36，

盡是千古名將，少年得志，英年早逝，皆未 40 命休矣。

故云：

孤墳皆是英雄骨，荒塚多是少年魂。勤習有庫，率性鑿墓。

這些偉大的英雄們用生命寫下了歷史，也給了我們借鏡。我們在他們的身上不該只是看見傳奇的故事，而是觀察他們的特質，明白他們為何如此辦事，為何是這樣的人生態度與這樣的結局。

如果你是他們，你會如何呈現？如何應對？如何讓自己創造更不一樣的豐功偉業？

事實上，他們是他們，我們是我們。不一樣的時空背景，不一樣的際遇，不一樣的能力條件，當然會有不一樣的一切。

既然如此，我們自己的歷史不要等到死才假他人之手，憑他人之意念為我們品頭論足。除了不是我們的本意，也不一定能給後代實質的真正意義。

豹死留皮，人死留名。那麼就要留個有意義，有實用價值故事的名，而非只是死者為大的墓誌銘。

9-2-3

習史 造勢

當你已在奮戰，
只能專注對抗眼前猙獰的真敵人，
哪有時間解釋在旁廢話的假夥伴？
若非同舟共濟，別談不離不棄。
敵人與夥伴的定義，只在當下，只在曾經，不會永續。
人類的歷史上，都是如此，很難特例。

* *

狡兔死，走狗烹。究竟主子是敵還是友？大將是友還是敵？那就看階段需求來解讀。在任何一個團隊裡，都是如此。又希望你奮勇殺敵，有希望你懂得分寸。敵人還沒死，不會擔心你。敵人已經死，你就比敵人更可怕了。

劉備託孤於孔明，孫權用周瑜，曹操冰著司馬懿，都是一樣樣的。但他們的擔心是錯的嗎？劉邦與韓信，那是多麼快速，令人讚嘆又讓人不勝唏噓的歷程。成也蕭何，敗也蕭何，那究竟是該

感恩還是恨？

張良的功成身退，堪稱千古大智慧，留下共襄盛舉的美好曾經，不讓王者多擔心，也留一命憶往昔。

所有血淋淋的歷史都把人性的各種樣貌表露無遺。這就是我們必須在歷史上學的，而不是重蹈覆轍在我們的生命中應驗。一個人一種命，一個人一種性格，誰也沒有辦法複製誰。人們要懂得自己判斷自己有多少斤兩，有些位子、角色，不是我們能坐上與扮演的。

造小我之勢，為大我所用。

造大我之勢，成大我之事。

大事已成，小己之勢與事皆逝。

天下，不是羹，無法分杯食。

天子，從來都是獨生子。

34

9-3 盤

言武子曰：

盤，乃內外上下虛實六盤也。

內外盤，外乃可用之資，內乃已造之才。

上下盤，下乃過時之料，上乃當前之思。

虛實盤，實乃現存之貌，虛乃未啟之源。

六盤燃於心，天地皆可覓。

　　盤點是企業最常用的詞，但切莫大珠小珠落，清脆響亮，卻滿目瘡痍。進銷存這三個字很好，卻也常常只是口號。

　　盤查資源之全貌，整合可用之材料。盈缺有無，強弱多寡，皆不可誤。盤點必須化繁為簡，了然於心，而非密密麻麻的雜亂，看似豐富，毫無頭緒。學習那戰神韓信，多多益善。韓信點兵，橫掃千軍。

　　因此我們只將所有的資源分為六種，三組對應。

　　內盤，乃自己的能力。能力又有深淺，深則信手拈來，淺則繼續鍛鍊。包含個人、夥伴與團隊。**外盤**，乃尚未成為能力的資源。資源亦有遠近，遠則吸引，近則併入。以外盤支援內盤，內盤融入外盤，如同颶風颱風般的襲捲，何來不壯大之理。

　　下盤，是過去的積累，除了穩健，卻也容易成為被遺忘的材料。有時過氣的成就，卻是復古的奇蹟。**上盤**，是現在的趨勢。但若一昧的追逐流行，那也難逃泡沫化的宿醉。當上下盤重新排列，整合為一個帶著空隙的轉盤，那才是豐碩的一目瞭然。

虛盤，是一種尚未看見的希望，不是異想天開的鬼神之助，而是緣起自己綻放的一種影響力。虛盤當然也得有目標族群，才不會總是空包彈的虛幻。**實盤**，是虛盤的火種，是核心。未見實，難以誘虛。不知虛，難以壯實。虛實之間有如陰陽，虛中有實，實中有虛，虛實相生。

六盤之六乃大地之養，蒼天之愛。

時時清晰，如數家珍，是謂活盤。

9-3-1

心盤

心盤即是天地盤，即是道盤，即是依照常軌的大自然之盤。未盤即知，不必痴心妄想。欲知過去，現在所受；欲知未來，現在所做。因果，不必等待隔世，作用力與反作用力，當下已知。

當你不斷的失信於人，那麼在人們的心中必然陸續被除名。當你持續失信於自己，那麼在時空的維度裡，你很難再找到幸運的自己。

＊＊

欠你的，喜歡你的，相信你的，才是你的人脈。

反過來，都是債。

都不是，那就看你如何把自己販賣。

＊＊

別問還有機會嗎？

如果我是你，遇不到機會就等，

等不到就找，找不到就創造。

沒有，是另一種有。

被動就會很可惜，主動才是很珍惜。

9-3-2

扎盤

扎實你的基本盤，不要捨近求遠，不要本末倒置，要懂得輕重緩急。

母、娘、媽，是同樣的意思，不一樣的字。

母，源頭也，活田也，包容也，這就是母性的本質。

娘，善良的的女人。

媽，如馬一般奔波的女人。

不論你怎麼稱呼生你的女人，都是包容你的源頭，都是為你做牛做馬的女人，只能感恩。

願天下的娘，每一天都快樂，每一日都幸福，每一個環節都暢通，每一個節氣都健康，不是只在母親節。

親親而仁民，仁民而愛物。

不孝父母，怎麼可能對人有愛？

不懂得善待蒼生，別對蒼天有期待。

你總想著貴人來，你卻只做見不得人的事，比小人還小人。

那麼你別期待有貴人，更別談人脈。

運用你的人脈，要懂得感恩、回報、答謝。

才不會落入始亂終棄般【利用】的負面感受。

人脈，若非建立在互惠互愛的基礎上，最終不是淡了就是毀了。

先當別人的貴人，當你需要，貴人恆在。

不孝父母，上行下效，別期待孩子的愛。

扎盤，就是要你認識因果，不是用謀略就能擁有。

9-3-3

翻盤

華人很多對於出生的標準年月日時【八字】，有一種敬畏，深怕讓人知悉。那是一種怕被瞭解太多的恐懼，更怕被各種邪術所侵犯。事實上，不必知道八字也能明確的攻擊，防不勝防。

一張命盤，十個人有十一種解讀，怕所謂的算命師亂講、訛詐，最佳的方式就是自己搞懂。能夠透過人腦解析的方法，已經不是什麼玄妙的天機，而是科學的生活工具。

紫微斗數，就是全世界最細膩的星象運勢決策學，給了人們最

清晰的規劃指標，命運的最佳盤點利器。能遇是福，能用是智。排一張正確的命盤，並且自己可以隨時參考決策，這是【紫微斗數】最大的價值。

　　不是去算那命好不好，而是要看自己能量趨勢究竟是如何。該保守、該衝刺，還是該轉換方向？這是最重要的盤點，也是認識自己的最重要工具。否則，盤點容易錯誤，認識自己已成為口號。

　　所以，父母留給孩子正確的出生年月日時，就是最好的生日禮物。生命藍圖，一目瞭然。

　　年有干支，就是兩個字了。月、日、時亦同，因此總共八個字，故稱八字。八是執行力，八是無限可能，八是明確方向後的最後衝刺。

命裡有時終須有，命裡無時莫強求。

大運不濟，保守耕耘。

流年順暢，吉星高照，全力翻盤。

9-4 覓

言武子曰：

覓，以爪取其所見。

未盤，不知何所覓。

盤為覓之根，覓乃盤之果。

覓其所可強，覓其不可弱。

覓其未綻放，覓其未入囊。

此乃四覓。

覓，主動出擊也。機會之尋找，目標之確認，乃盤點外在局勢與內在狀態之六盤後，精準的執行力。

覓其所可強，是要尋找自己的優勢，繼續強化，一技之長就要真的長，並且特別長。

覓其不可弱，是要尋找自己的缺點弱勢威脅，並且迅速補強。可以不強，不能太弱，否則就是競爭者可以強追猛打的標靶。

覓其未綻放，是要尋找自己尚未成熟的火候，加點溫度，可能就是奇兵致勝的關鍵。

覓其未入囊，這可能是從來沒有想過的機會，卻也在六盤資源內完全沒有。此乃外盤之外，下盤之下，虛盤之虛。當然以機會而言，就是奇中之奇了。

當你能夠簡單就想到的機會，經常別人早已想過，甚至已經完成了。不要想著別人已做的，要做著別人未想的。

如蜂尋蜜，先者得之。

9-4-1

盤點是為了尋覓

　　盤點自己，不是卜卦，不是幻想。而是在天干地支構成的命盤上，盤點自己的特質、資源、天時、地利與人和。紫微斗數，若說算命，太膚淺，應該說盤點你的現在，迎接你的未來。

　　流年，是什麼，就是你這一年各種能量流動的方向與趨勢。

　　排命盤，不是洩天機，而是認識自己，造奇蹟。

．．

　　該做的事，你說沒有時間。

　　該學的能，你說沒有時間。

　　該幫的忙，你說沒有時間。

　　你卻問為何沒有錢，

　　為何幸運總不來。

　　錢與幸運，都忙著與有時間的人共襄盛舉，就是沒時間理你。

．．

　　大家都說要有第二專長，其實這個時代，第二專長不夠了，第三第四第五，也不一定夠用。

　　但大多的專長都會被時尚潮流所淹沒，曾經嘔心瀝血的功夫，可能瞬間毫無價值。只有少部分的專業不怕人老，甚至越老越值錢，越具備影響力。

　　但當你老了才想學，又怕沒那個腦。

．．

不論時代如何變遷，

山醫命相卜，永遠不怕老。

看風水，看日子，挑時辰，取名字，排命盤，算流年，卜吉凶。

不用套路，不搞騙術，不入邪門，明師指路，助人植福。

這個功夫就是言武門雙數【紫微斗數與生命靈數】。

如果我們不懂盤點之術，很難找到真正的缺憾與機會。花費的時間、精神與金錢，就會比丟到水裡更沒有反應的回饋。

如同身心靈導師，如果都是用抽象的直覺，請問如何給人真正正確的指引？如何給與恰如其分的方法，解決其必須面對的困擾？導師的導是道路上分寸精準的拿捏，豈能顛倒？

9-4-2

為什麼？怎麼辦？

從為什麼當中繼續找怎麼辦，

再從怎麼辦繼續問為什麼，持續深究，必有領悟。

不耐煩，是必然，那就是你為何無法繼續成長的原因。

為什麼的裡面還會有為什麼，怎麼辦裡面還會有怎麼辦。

這樣深度探索的問自己，其實就會有深刻的領悟，仿如禪宗的當頭棒喝，大徹大悟。

當你問著【我是誰】，看似找到了自己，其實依舊茫然。

我是誰，並不重要。

而是我該是誰，我能是誰。

然後再問問【我該如何成為誰】。

我的優勢／劣勢／機會／威脅個別在哪裡，如同 SWOT 分析。這就是精準的尋覓，有了精準的標的，才能正確的學習。這樣就能知道怎麼辦，並且確實去辦。

9-4-3

差一點

不必最好，只要剛好。

剛好，並不容易。因為差一點，差很多。

狼與狼，只差一點，但是差很多。讓人誤解了狼，也誤解狼。狼並不狼，而是團結，只是為了生存，運用了自己的本能。狼是站在高崗上的獸性，就像人們擁有了權勢之後，忘了曾在山腳下攻頂之初心。

刀與刃，刀乃工具，刃乃銳利之刀鋒，刀不刃則無力。刀貼近於名詞，刃乃演化為動詞。刀乃勇猛之外型，刃為剛毅之堅定。那一點，就是心。

太與大，大為小之反，相對之差異。大與太，只差一點，其實就是含小之大，含陰之陽。不是比大大很多，而是很不一樣的大。其大無外，其小無內，孔子命名為【太極】。孔子之聖，不是只在有教無類，因材施教，而是在學問的集結整合與創造，著實下了承先啟後的扎實功夫。

　　然而，我們只喊著四書五經，請問是哪些書？哪些經？老師們都看過了嗎？都看懂了嗎？

　　孔子之前的書，若我們在此定義為古書，所有的古書，孔子最讚嘆不已的就是《周易》，並且將其來龍去脈鉅細靡遺的闡述，於《十翼》中帶領我們遨遊展翅。〈彖傳〉上下兩篇、〈象傳〉上下兩篇、〈繫辭傳〉上下兩篇、〈說卦傳〉、〈序卦傳〉、〈雜卦傳〉及〈文言傳〉，十篇文章給了易經更清晰的脈絡。

　　當你自稱為儒家思想的傳人，卻只知《大學》、《論語》、《孟子》、《中庸》之論述，而不懂易，雖然只是差【易】點，那就差很大了。如同一個人活在世間，只談天地，不知日月，必然渾噩。

邏輯是永不止息的修煉，

邏輯是心想事成的湯底，

邏輯不是祕密，

而是心腦同步的呼吸。

終其一生不斷學習，不斷尋覓，不斷補強所差的那一點。

9-5 習

言武子曰：

所覓之標，應有所攻之具。

所擁之器，必有所操之法。

所依之方，仍需可用之能。

未能者，習矣。

習所缺之種，

習未精之功，

習輔弼之術。

此乃三習。

學，從無到有；習，從生到熟。錯乃經驗之累積，對乃方法之確認。對錯皆重要，錯為陽，對為陰，陰陽互生，方可茁壯。

習所缺之種，即是學習完全沒有學習過的，就像播種以待發芽。習未精之功，即是練習尚未熟悉的功夫，使其進入反射動作的的本能。

習輔弼之術，即是學習可以壯大主軸功夫的旁門左道，如左右手一般，同步於大腦之思維。輔弼，即左輔與右弼，此乃紫微斗數的六吉星之其二。若無輔弼於左右，紫微帝王亦是孤君，難撐其天。

習，要練習到什麼程度呢？當你能夠把別人教到會了，那才表示你真的懂了。要把別人教到會，那就必須整理好一套別人也能理解的邏輯。

你會問，那別人也會了，自己不就不特別了嗎？不！你不會把一項功夫的全部只教給一個人，並且你不會只有一項功夫。會教的老師，才是真正會學的學生，這個邏輯，你必須先理解。

師徒也是一種陰陽關係，師為陽，徒為陰，未曾平衡，師不竟師，徒不竟徒。然而，也並不是叫你開班授課，而是要懂得分享，在分享的過程，你會看到各種不同的反應，那麼也就明白了自己的缺陷，繼續精練。

習，絕對不能有所謂放不下身段的偶像包袱。知己知彼，不是抽象的知，而是敵之所能，我皆能。習，也是示弱於敵的招數，老師自然也對自己的學生較無戒心。因此向敵人學習，此乃大智若愚的極致表現。

習，穿透於已知，無懼於未知。

9-5-1

師者之師

學習一定要有老師。當學生就要想著如何當老師，那麼【很難學不會】，而不是【很難！學不會！】。當老師，要把自己當成學生，將心比心，把學生教會，才代表自己真的會。於是，老師與學生如同雌雄同體，也是老師也是學生。

為什麼你學不會？

你要想的是，方向方法不對，不然就是你並非真心想學。

為什麼你教不會？

你要想的是，方向方法不對，不然就是你並非真心想教。

邏輯搞通了，沒有誰不會教，沒有誰不能學。

* *

學會邏輯，

你就不再總是心情不好。

學會邏輯，

詐騙集團把你騙不了。

學會邏輯，

不再有人能將你問倒。

* *

等待，不如主動出擊。你已經客觀判斷認定的老師在哪裡，那麼你就前往哪裡，不要被時空的屏障所限制。

師者，知識的底蘊與能量的典藏，不必揣測，不必較量，必須遠遠超乎你的想像，而不是硬擠出來的謊。

師者之習，不能停滯。

必須往前推演數千載，

用以渾厚未來這些年。

那不是玄妙的光，

不是抽象的希望。

不是成交的迷惘，

而是翻轉絕望崛起生命的彈簧。

先習者習，無不習，方能不息。

先師者師，無不師，師者之師。

9-5-2

學習與傳承

辯論，就是戰爭，非死即傷，輸了是輸，贏了也是輸，不會有什麼辯論是真的贏。

溝通，不是辯論。先聽對方怎麼說，再說對方愛聽的；先說對方聽得進的，再說你想說的。跨越鴻溝，方能暢通。

師者之傳承，只能溝通，不能辯論，更不能是一言堂。

* *

當你開了一堂課，有人來上了，你就四處宣揚誰是你的學生。你模仿複製了一點功夫，四處招搖撞騙，為何不說誰是你的老師？

前者虛榮，後者心虛，都是病，很要命。

有人願意付錢聽你講話，是榮幸，要珍惜。

有人願意給你機會再成長，是福報，要感激。

天下，沒有無師自通這件事，任何人都應探究師源何處，否則必無邏輯。

* *

很多人都會說【借分享】，

其實請直接分享，不必多言，不必借，因為你怎麼還？

但分享，就請全文署名分享，不要去名、改名，那就不是分享，而是盜用。分享，也要有邏輯。

* *

急於求知是好事，卻也是壞事，一不小心就產生了焦慮。總覺得世間學問之浩瀚，何時才能充裕。

不必急，沉靜中自然能有緣接觸一二，隨喜珍惜。從表象反觀其內涵，從丁點擴散其輝煌，從邏輯共振蒼穹之思量。但，總要開始，總要有方向。

請教、求學，就必須真謙卑。
否則如何學會，又該如何教你。
永遠堅持自己的思維，
那麼很難納入可以改造你的邏輯。

第一次之所以重要，
不是為了下一次。
第一次未曾有，
何來最後一次？
只要做過，就沒錯過。
即使失敗，也是成就。
生命最大的遺憾，
不是做錯，不是沒機會做，
而是想做卻未曾做。
還沒開始，已經結束。

49

新鮮感，是萬物之所趨。

你想讓自己具備吸引力，

卻忘了讓自己新鮮。

大自然的定律，

無法讓一切持續新鮮，

所以人們絞盡腦汁的保鮮。

保鮮，就是逆向的持續改變。

改變卻不是無腦的亂變，

而是重新排列組合的發現。

發現是什麼？何處能發現？

答案都是【學習】。

播種是學，施肥是習，

陽光空氣水是愛，是自然。

在自然中遇見，在愛裡學習，

茁壯，開花，結果，進入循環，就是智慧。

9-5-3

該學什麼

　　你缺什麼，該學什麼，有時你並不知道。常常是在學習的過程中，才會發現真正應該學習的方向。原本從來沒有想過的需要，卻會不斷的被發現，令人驚奇、驚喜。

　　對大多數人而言，《奇門遁甲》只是傳說，只是法術，只是電影。誰知《奇門遁甲》堪稱最偉大的決策學，用於政治，用於兵家。

　　《奇門遁甲》有四盤，天地人神。

　　天盤九星尋天時，

　　地盤八卦覓地利，

　　人盤八門造人和，

　　神盤八神得神助。

　　學會奇門遁，來人不必問，

　　天旋地轉不慌亂。

　　《奇門遁甲》乃千古實戰絕學，

　　不離天干地支五行九宮八卦九星八門，遁六甲，佈三奇。

　　三奇八門合稱奇門。

　　六儀遁六甲稱遁甲。

　　《奇門遁甲》與數字脫不了關係，

　　堪稱最偉大的決策學。

　　生命靈數，不能說是西方的《奇門遁甲》，卻是最簡單方便的

51

決策方針。

9 原數，8 大連，4 小線，3 奇方，用這 21 款天地精粹之排列，翻轉你的世界。一理二氣三才四象五行六甲七曜八門九星，寰宇自然一掌中，《奇門遁甲》任我行。

太乙，奇門，六壬，

此三式對應天地人。

融會貫通，方能真懂天文地理人間事，亦才可掌握天時地利人和之變化。然此三式欲入門，先從生命靈數、紫微斗數、《易經》開始。

⋯⋯⋯⋯⋯⋯⋯⋯⋯⋯⋯⋯⋯⋯⋯⋯⋯⋯⋯⋯⋯⋯⋯⋯⋯⋯⋯⋯

福報，付出中來。

智慧，學習中來。

很有智慧，福報不足，依舊困頓。

很有福報，缺乏智慧，遲早貧乏。

有了智慧，付出了，自然會有福報。

有了福報，學習了，自然會有智慧。

兩者都是相輔相成的發展，誰先誰後都沒關係，最重要的是【實際正向的行動】。

9-6 整

言武子日：

觀史盤覓習，備材之五階也，

整階之適當，方可積能而上。

化繁為簡，轉雜為一。

幻他於己，借力於吾。

草木皆兵，四面楚歌，乃敵之心，非己之覺。

整合所有觀史盤覓習之能量，如同心圓，不斷往外擴充，卻扎實於核心，恰若颱風之凝聚。整，之所以重要，就是化散亂為規矩，化天下萬物為一體，為己所用。如何為己所用，此乃調頻為和一，共振於一氣。

整，是一種排列組合，在忘我的狀態裡重新打造了自己。

整，是一種資源回收的環保，當日是廢物，而今卻是寶。

整，是肯定自己的過程，不再只是喊著【我是最棒的】無腦。那是聲嘶力竭的迷惘，不是自我激勵的訣竅。別把催眠當技巧，要在清醒時刻把己造。夢想不在夢裡，而是現實中的踏實做到。沒有能不能，只有要不要。

整，是勇氣改變後的愛，更是願意給與的關懷。影響力的誕生，就在全新整理自己後的重生。你不一樣了，氣場、磁場就會不一樣了。

整，是改變後的結果，更是應變前的準備。

整，是藥，是秦始皇找尋一輩子的長生不老藥。原來那一個長

生不老，不在肉體與物質，而是靈魂圈禁與開啟的鎖鑰。

整，是身心靈和一，天地人同在的原來。

9-6-1

整思

共識，就是彼此的邏輯已經一樣。

合作，就是邏輯重建的過程。

而這從小我到大我的邏輯重建，就是思維重新盤整的過程。

思維就是初心與觀念的混合物，經過鍛鍊才會變成化合物，成為化合物才會是不再扭捏不再左右搖擺的思維。有了這樣的新思維，才會有新的邏輯。

人們歌頌的，經常都是強者。

敬佩的，都是不畏強權的弱者。

感動的，卻是見義勇為的路人。

壯大自己，才有辦法慈悲。

隨便犧牲，菩薩也覺得太浪費。

善良、勇敢、奉獻，也得存在邏輯。

思維如果沒有整合，那麼即使是連體嬰，擁有了共同的軀體，也不會有共同的行為，那就必然痛苦，何況是一人一腦袋所形成的團隊。

9-6-2

整行

如果周文王只是陪姜太公釣魚，就沒有武王滅紂的結局。

如果劉備只是給孔明按讚，沒有三顧茅廬，何來三國鼎立。

邏輯正確後，就是主動出擊的執行力。

向有結果的人學習，

這句話看起來很對，其實問題很大。

有結果的人，有其基本的條件，但通常沒交代清楚。

有結果的人，有其成功的方式，但不一定真的想教。

有結果的人，即使真的想教，不一定會教。

有結果的人，就算很會教，卻又不一定適合你。

你要學的，不是他教的。而是實際觀察他做的，然後回到言武門兵法的九個字【觀史盤覓習整變轉逆】，那麼你就不會毀於誤會一場的烈火而犧牲，而是超越了他的結果。

切記，成功複製，不是騙局，就是片局。成功無法複製，盡是量身訂做。

整思之後必須整行。整思是整理自己的思維邏輯，整行是整合自己心口合一的行為，不是外科手術的整形。整思是變化觀念，整行是變化習慣。觀念與習慣都整了，未來已是可以預見的美。

9-6-3

整軍

與其精打細算你的損益，
不如精雕細琢你的戰力。
戰力決定損益，此乃勝利的邏輯。

在爭戰的時代，你種的收穫的不一定是你的，你買賣擁有的也不一定是你的，但你攻下的城池已經暫時是你的。所以，一分耕耘一分收穫，在那樣的時空裡，都是錯的。

所以春秋時代，孔子周遊列國，闡揚孔思想的儒家帝王之術，沒人真的理，不受重用。而是縱橫家、兵家、法家，囊括了所有王者之思維，這就是所謂的大時代。大時代的一切比無常更無常，國境之內用法，國境之外用兵與縱橫，都是用搶的。

得民心者得天下，那是用影響的、感動的，有時也是用騙的。但，騙不久，這跟商業確實很像。

太平盛世，儒家思想才會被尊重，才會被放大，否則都是打壓。因為霸權者在擴充的當下，如果用了儒家的思想，那不會有爆炸性的戰力。擁有的地盤，如果不用儒家系統，那麼也管理得太過生硬而不亮麗，從這也看出陰陽無所不在的端倪。

即使在 21 世紀，難道你看不出國際間也充斥著霸凌的行徑嗎？連貿易都是如此血淋淋，那已經不是商道了。

脆弱，沒有溫柔的能力。勇敢，必須實力來接地氣。你不壯大自己，就只有任人宰割的結局。

軍，就是你自己的能力、團隊的能力、人際的能力。整軍，才
有戰力，才能回歸生命安然的合理，否則，即使把哀嚎當愛好，
亦然沒人會理你。

今天，你有多少錢，真的不重要。

重要的是明天眾叛親離孤立無援時，你還能賺多少錢。

損益只是假象，隨時不屬於你。

能力的不斷壯大，才是穩健的呼吸。

9-7 變

言武子曰：

易乃日月之從容，此乃不變之應變。

周而復始之圓融，此乃變中之不變。

境變而己不變，亡之途。

境不變而己亦不變，沉淪。

境之變與不變，己皆變，昇華。

唯一不變，乃持續在變。心不懼變，萬事可成。

世間事，沒有真正不變，一切的一切都是一直在變。就像靜止，並沒有任何東西真正靜止的。

動，有移動、轉動、振動，這是基本的動。此外還有複方多元性的動，流動、滾動、晃動。然而即使所謂的靜止，也至少還在振動，這樣的振動也就是萬物頻率的源頭。

所謂自然，就是成住壞空、生老病死的必然。不必外力干擾，也會進入如此的循環。

變，思想第一，行為第二，習慣第三，邏輯第四，氣場第五。這五變，就是全新個體的主動出擊。成就可以一瞬間，就在觀念與習慣改變的那瞬間。思想就是觀念，一切行為的源頭。但想得再多常常行為依舊，那是因為習慣的枷鎖。

想要改變習慣，那必須有 21 天不間斷的持續。當習慣建構了，這樣已經改變的行為，才不會又再回到原路。有了新的習慣，那麼就很自然會產生新的邏輯迴圈，因為邏輯就是脈絡清晰的因果

關係。就是真正自己已經清楚明白為何必須這麼做，那就不會衍生錯誤的行為。並且快樂的進行著。

　　氣場與自己以及環境有關，自己的身心能力資源都豐厚了，那麼氣場自然就會強。環境所指的包含居住工作空間，包含人際關係的環境，這都是風水。

　　所以不要浪費時間在那毫無意義的人際關係，而是要真正建構自己的人脈。

9-7-1

變法

　　在那瀕臨死亡的瞬間，

　　我想的一句就是【對不起】，

　　因為生命相遇的上聯寫了，下聯還沒完成。

　　未到關鍵時刻，何來對不起？

　　你只能為對得起上聯的下聯繼續努力。

　　但，努力這個詞真的不好。用奴才的力量在奮戰，那是沒有覺知的傻勁。不如改成全力以赴。

　　所以，過去很多人說：努力不一定會成功，成功一定要努力。

　　不對，應該說：努力一定不會成功，要在對的方向，對的軌道，對的方法，與對的人一起全力以赴，一定成功。

不讓自己陷入險境，

不讓歹徒有可趁之機，

不只是保護自己，

更是減少他人造孽的慈悲。

在成功的路上，敵人只是在路旁，豬隊友、假戰友卻都緊貼在身旁。不是要你學曹操的多疑，而是當你沒有任何靈活應變的思維，必然隨時被取代，隨時被消滅。最好的戰友，常常是最大的敵人。當然最可怕的敵人，也會是你最相信的戰友。

相信，不是推心置腹的口號，也不是憑感覺的一廂情願。否則為何軍隊要有軍法？那就是為了不在爭戰的過程中不要產生不利於自己的變數。

放縱，就是沒有約束。沒有約束，就不會有戰力。不當的心法，必然敗北。壯大的勢力，絕對有嚴明的軍紀。但切記，軍法不是只准州官放火，不准百姓點燈的霸氣。而是從統帥自己就必須賞罰分明，信守承諾，否則就是土匪般的隨心所欲，混淆視聽，打擊了士氣，迷亂了自己。

就像孫武的傳奇，就從斬了吳王闔閭的后妃才開啟，連宮女也能變戰士。秦國的壯大與獨強，不是秦始皇的功績，而是從商鞅變法已墊底。

在個人而言，一個人也是一個軍隊。

你的軍法，就是為了改造你的習性。

江山易改，本性難移。如果不給自己殘忍的戒律，那麼不待別人的攻擊，你已毀滅了你自己。

9-7-2

變通

沒有問題，何需答案。
沒有煩惱，何尋菩提。
答案就在問題裡，
菩提盡在煩惱中。

可憐之人必有可惡之處，
這句話不對。
應該說：
可惡之人必有可憐之時。
這樣才符合邏輯。

人云亦云，就是不懂變通。不懂變通，就像塞住的馬桶，再沖水只會惡臭滿屋，污穢滿溢。

身體出了問題，就會有不通則痛，紅腫熱痛癢的各種發炎現象。所謂治療，就是讓這一切能順利暢通。不只有形的器官管道，還有無形的經絡。

思考任何問題，也都是如此。

不是讓自己困擾在問題裡，而是在問題裡靜心，找到暢通無阻的方法，並且嘗試執行。這就是真正的機會。

機會，從來不是在幸運裡發明，而是在困擾中發現。問題越大，機會越大，這就是翻騰的臨界點，不是沉淪就是崛起。

9-7-3

變化

從有到無，是變。

從無到有，是化。

有無之間的往返與消長，就是變化。

這世間所有的一切都是如此的進行著，無法要求不變化，只能順應改變而轉化。本來就沒有，何必眷戀於短暫的有。當知有，只是現象，就不會在無之時而感傷。當知無，也可成就各種有，那就致力於方法。

變化，是必然。不懂應變而轉化，就會枉然。

叫你要表裡合一的人，常常自己表裡不一，不然怎麼誆你？

能叫你做傻事的人，一定總在裝傻，不然怎麼框你？

這就是人性複雜的變化，你必須能辨別、應對、扭轉，而不是只在過程與結果中抱怨。

真人不露相，真相不露白。

懂就懂，不懂就不懂。

真懂不懂，沒必要讓誰懂。

既然人們愛裝傻，那你何必裝聰明。不要真傻，而要真聰明。但別自作聰明，否則就真太傻。

9-8 轉

言武子曰：

轉，依其已定調不變之樞紐，方向之調矣。有無之轉，強弱之轉，正負之轉，主客之轉，同異之轉，勝敗之轉，方向之轉，此乃七轉。

如舟之舵，因應無常之勢，避險而趨利。

有無，該有的有，該無的無，若有似無，若無還有，這是迷惑競爭者的手法。

強弱，強者示弱，弱者示強，弱中有強，強中有弱，剛柔並濟，這是干擾敵方判斷的技巧。

正負，善惡朦朧，敵我難分，亦敵亦友，亦正亦邪，非君子，非小人，勝則為王。

主客，是主如客，是客反主，《奇門遁甲》，來者不問。知其不知，不知其所不必知，使其不知。

同異，這次要與上次相同，下次要與這次相異，同與異沒有套路，讓人無所依循。

勝敗，勝不必讓對方知道為何咱們勝，敗不必讓對方明白為何他會敗。假敗為勝，真勝若敗。

方向，有正有奇，四面八方，上下十方，微調之間，盡是良方。

9-8-1

轉念

　　任何學問都是要用來【找到方法，發現真相，解決問題】，而不是用來自尋煩惱，招攬困擾。包含你所認知的邏輯學。

　　正確來說，邏輯不應該是一門學問，而是大自然自在運行的軌跡。於是，言武門的思維邏輯不再是過去你所以為的論述，而是化繁為簡的生命藝術。

　　轉念，不該是口號，必須是實際的行動。念，在心，心連腦，腦連五感六覺。心就是自己的核心，當心轉了，所有的境才能跟著轉。

　　境，是環境，就是圍繞著心念的所有一切變因。既然都是變因，我們當然不必疲於奔命去控制每一個因子，因為變是必然，不變是偶然。

　　運用同頻共振的思維，堅定咱們的心念，相信我們的預設結果，並且朝這個方向執行，這就是境隨心轉。

　　境隨心轉，不是抽象的幻想，而是務實的前行。

心轉，念轉，行轉，境轉，一切都會跟著轉。

9-8-2

轉向

沒禮貌，沒誠信，

兩個都很嚴重，都對不起你自己。

沒禮貌，也就沒了這次機會。

沒誠信，更沒有了下次機會。

沒禮貌，沒機會考驗誠信。

沒誠信，再禮貌都沒機會。

可以接受並且承認過去都是錯的，

才有可能改變現在創造未來的美好。

堅持是成功唯一的選擇嗎？

那必須有正確的方向與方法，否則只會越來越慘的失敗，

不是成功。

有人唱永遠不回頭，

有人說浪子回頭金不換，回頭是岸。

話都是人說的，但說給誰聽的？

正確來說，應該是信念與目標確認後，不論任何險阻，任何困難，都不改其志，不變決心，痛改前非後，永遠不走回頭路。痛改前非就是回頭，不走回頭路就是不回頭。先轉向回頭後，才不回頭。當回頭時且回頭，不該回頭時不再回頭。只是堅持於回不回頭，這顆頭就是有殼而無腦的頭了。

轉向比轉念更重要，轉念只是想法，轉向才是行動。該大轉彎

的時候就大轉彎，該微調的時候就微調，千萬不要無腦的大迴轉，那會人仰馬翻。

人生就像開車，在油箱、引擎、輪子都沒問題的情況下，方向盤、油門、煞車，就是掌握前行的速度與方向的工具。決定的一切都還是在咱們自己的身上。

9-8-3
轉角

轉角遇到愛，這是夢幻的憧憬。但人生的轉角總是看不到的遇見，有時是驚喜，經常是驚嚇。沒有遇到愛，反而被傷害。

＊＊＊＊＊＊＊＊＊＊＊＊＊＊＊＊＊＊＊＊＊＊＊＊＊＊＊＊＊＊＊＊＊＊＊

一般的騙術，都是用真的包裝假的，再用假的換真的。

先當你的自己人，取得了你的信任，才能放長線釣大魚。

在兵法的邏輯裡就是間諜之運用。

＊＊＊＊＊＊＊＊＊＊＊＊＊＊＊＊＊＊＊＊＊＊＊＊＊＊＊＊＊＊＊＊＊＊＊

別把客戶當成獵物，

至少要當成寵物。

獵物不會服從，寵物卻是依賴你而互存之禮物。

成交必須雙贏，

而非短暫的迷途。

＊＊＊＊＊＊＊＊＊＊＊＊＊＊＊＊＊＊＊＊＊＊＊＊＊＊＊＊＊＊＊＊＊＊＊

強者示弱，弱者示強。

欲者不顯欲，大貪展清廉。

必顛倒敵之思維，錯亂敵之方向。

此乃兵法邏輯之冰山一角。

用於生命很多角度都很恰當。

....

當你發現你越想要的越要不到，越害怕的卻越容易發生。那是你誤會了【心想事成】的邏輯。

正確的《心想事成方程式》，請細讀《成就渴望的臨界點》，那才是放諸四海皆準的邏輯。強迫中獎、疲勞轟炸式的套路，你以為是成功複製的邏輯，於是你跟進，並且延伸擴散的洗腦。

其實這並不好，容易膩，容易令人反感。此乃【過剛易折】。洗腦是戰術，但步驟必須很藝術。【柔弱勝剛強】、【以迂為直】，又是九個字，是練習洗腦戰術者務必切記的方針。

生命總有很多岔路，必須選擇。總有很多轉角處，必須放慢腳步。能掌握的，全力以赴。不能確定的，謹慎決策後再把拳頭出。

要嘛，別出手。出手，都要害。

9-9 逆

言武子曰：

步履因逆阻而前行，羽翼因逆風而翔起。看似險境之逆流，盡是自然貴人之助力。

逆，非主流也。左，右之反也。

反則少，少則珍，必顯。

數，九之循環。九，是循環之末梢，是開始之開始，是結束的結束，是開始，也是結束。

孩子出生，本來就叛逆，只是沒有能力，於是順從被教育，甚至犧牲了創意。而這創意，本來就是叛逆。青春期，荷爾蒙作祟，身軀茁壯，氣力昂揚，那是靈魂主權意識的抬頭，必然叛逆。

成年，在各種社會規範包含法令的框架中，人們選擇了刺激，所以犯罪，依舊叛逆。年老，在年歲增長，來日無多的時刻，總希望少點遺憾，於是再度任性了起來，還是叛逆。

叛逆，是人類的本能，是生命的自然，盡是恆常中的現象。但社會要求相同平等，即是阻礙叛逆發展。於是突然發現，原來革命就是一種叛逆的力量。

在位者要的都是倫理規範，但他們崛起時都是叛逆而來的力量。這時你會發現，流行是一種騙局，時尚是一種迷惘。叛逆，就是從非主流取代主流而成為新主流的火種。

當大家都在讚美字正腔圓的歌手，咬字不清就變成了爆紅；當大家都在工業革命的大量製造後，手工變成無比珍貴；當大家都

69

在瘋 AI 時，原始的一切卻有了新賣點。

逆轉勝，是叛逆的目的。不是當泡沫，更別當砲灰。唯一的方式，就是確實做好了前面八個步驟，那才會有不被消滅的叛逆。

當大家都叛逆時，真正的叛逆卻是順從了。

9-9-1

叛逆才是學習中的學習

毛澤東，看的每一本書都是密密麻麻的註記。

曹操為《孫子兵法》第一個註解，現在大家所看到都是緣起於曹操的翻譯，然而他也說了一句【兵法都是騙人的東西】。

《孫子兵法》的作者是孫武，然而他所作戰的亮眼呈現，很多都沒寫在兵法裡。

看懂了嗎？這才是盡信書不如無書的思想。而不是不讀書，說書無用。更不是行千里路勝讀萬卷書。你看了書，沒有反駁，沒有疑問，沒有心得，沒有實踐，沒有新思維，就只是看了，那還真沒什意義。

學是從無到有，習是從有到精。沒有叛逆就沒有新發現，沒有新發現，就沒有新格局。

人們總愛排隊，因為覺得人多就是口碑，多排一會兒也無所謂。但我覺得浪費，太熱鬧總會養壞了賣家的心念。人少，當然會進入乏人問津的慣性。但當你找到人少人多的根本原因，局勢就會迅速翻轉。

70

學習中的學習是叛逆，叛逆中的叛逆就是學習。連知識思想都能逆轉，何況是方法方向。

機會，是什麼？就是你看不懂我的另一種懂，而我已經知道了你以為你知道的不知道。當你搞清楚了，我已經完成了。

9-9-2

逆轉勝的邏輯

人有三不。

想不通，想不開，想不到。

你是否也是？

不是不會想，

而是不認識什麼是想。

想，乃相心。相，看也。心，能之聚也。不靜，那就聚不了，也看不到了。

沒有什麼功夫是用不到的，

所有的經歷都是珍貴的。

即使曾經的一切都是錯的，

卻都是生命的養分。

邏輯通了，都是驚人的引爆。

你要逆轉勝，那就要清楚順轉是怎麼回事，就要清楚過去錯在哪裡，為何別人覺得錯，自己也覺得不對。

曹操在赤壁之戰大敗後，不但沒有惱羞成怒，反而激勵士氣。告訴大家說咱們確實該是嚐嚐敗戰的滋味了，這是老天給我們檢討自己的機會。

大敗是因為以為自己會贏，想不到自己卻輸了。想不到，沒關係，接下來要想得通，看得開，不要想不通，更別想不開。

想通了，可以停損。想開了，可以創新機。

然而，靜心是關鍵，不要沉溺在任何情緒裡，才有下一次翻騰的可能。

所有的創作學問理論都是建構在邏輯的基礎上，包含語言文字數字，甚至信仰。

所以，**連邏輯學的論述者都錯解了邏輯。有人說近代的中國才有邏輯，這是胡扯的笑話。沒有邏輯，不成文化。中國的邏輯從八卦易經開始早已無限延伸。不要用你誤解的崇洋之邏輯，來污衊自己尚未明白的祖宗之邏輯。**

語言是一種邏輯陳述的方式，不同的語言就有不同的邏輯。別用中文的邏輯來學英文，否則永遠學不會。

中醫與西醫為何永遠無法真正整合，因為緣起的邏輯根本上就不同了。人與人的衝突，就是那一種來自你不了解我的明白。當邏輯完全相應，世界必然安和樂利。

所以，我必須說【你原以為的邏輯，不是真理，更不是邏輯】。

邏輯可以進化，時代才會轉變。

思想可以重新定義，邏輯也是。

顛覆成敗的關鍵，就在這叛逆的邏輯裡。

命運，要順勢而為。

翻騰，要逆向而轉。

有其消，方能有所長，謂之消長。

9-9-3

叛逆與奇蹟

邏輯正確了

才有隨心所欲的叛逆

也只有出乎意料的叛逆

才有翻轉的奇蹟

所以領導者帶頭叛逆

跟隨者見證奇蹟

上，即是下的翻轉。

欲居上位，先從下起。

欲入殿堂，先壯野莽。

沒有放下，何來當下。

不在當下，何得天下。

陰陽平衡，是一種互補，不是衝突。

所以天下，有兩種對應，一是天上，一是地上。

當天下對應了天上，那就必須知曉天意。

當天下對應地上，那就必須通達民心。

無悲憫心，無以上天庭。無踏實行，無以地上進。天心與民心皆是寰宇之頻率，同頻共振，點石成金。

人們總愛用想像探究真相，

事實上，真相遠遠超乎你的想像。

你以為的實相，永遠只是表象。

如同佛陀所言【凡所有相，皆是虛妄。】

沒人做時，你做，叫新鮮。

一堆人做，你停，叫叛逆。

叛逆，不一定錯。

恰到好處，就是亮眼的花朵。

太過突兀，卻成腐爛的酒窩。

這世界的任何事物，都是陰陽的相對問題，就像大小，長短，冷熱，貧富從來不是絕對值。

錢，這個務實卻又抽象的東西也是。

不怕花多，是怕進少。

能力所謂的強大，卻在用時顯得弱小。

明白了相對的角度，才有逆向思考的扭轉。

人們在比大的時候，請顯小。
眾家在比強的時刻，請示弱。

多則少明，剛乃柔勝。
同一方向，必為灰燼。
反思逆行，非攻自取。

PART 2

邏輯

2 一畫開天

伏羲大帝的八卦，就是人類最早的科學，只是當時沒有文字，只有符號。爾後歷經文王，孔子的進化，沒在秦始皇手上消失，才有今天如此綻放的枝椏。

但，數千年來，我們退化太多，即使擁有了語言文字，卻沒有了靈魂本身的覺知力。喊著環保，卻在毀滅環境。喊著科學，卻在葬送地球。你以為的科學，其實是迷惘。你以為的哲學，卻總瞎子摸象。

伏羲大帝的八卦，不是神話，而是在大自然裡細膩記錄與觀察的變化。是科學更是哲學的源頭，不是人類愚蠢的律法，更非江湖術士的顛倒。

八卦就是自然循環的脈絡，就是老子所言的道之指南。每個生命都必須終其一生品味消化。莫在天地間無知，勿在水火中迷亂，別在雷風裡張揚，不在山澤內迴盪。

伏羲大帝一畫開天，一畫即是一花，即是陰陽。一包含一切，包含萬物。但太籠統，無法細膩分解，因此開枝散葉，分成單爻之兩儀【陰陽】，再分成雙爻之【少陰 少陽 老陰 老陽】，再分成三爻之八卦【乾兌離震巽坎艮坤】，繼續拓展為六爻卦。

當八卦透徹後，不論周易連山易龜藏易之六十四卦都能知根本而不濫解。沒有根源的創造不是創造，是虛擬的騙局，是不承天意不接地氣的空蕩，於是玄之又玄自我泥沼，並非做學造問的基本方向。

從源頭著手，於末端探索，凡事的原理從來沒有不簡單，只有

不複雜。萬物皆易，不難。但欲知其簡單，很難。需要智慧，需要福報，更需要強大求知慾彰顯的真誠。

2 八卦邏輯

對中之對，自然。

錯中之錯，慣性。

對中之錯，習也。

錯中之對，機會。

對錯之間，是陰陽，展四象，釀八方，無限可能。

乾卦，是天，是 6，是父，是西北。

父親是一個家庭的支柱，如天之高，如天之愛，不嘮叨卻是不需言語的愛。乾是純陽，如艾草，沉穩接地氣而覓得水源。

乾是乾，音干，沒有水分，需要潤澤。乾是太陽，是無止息的燃燒自己，釋放光熱。是君子，自強不息。乾是愛，是影響力，是療癒力。是極陽之孕陰，是天罩大地。

坤卦，是地，是 2，是母，是西南。

地容萬物，滋養蒼生，如母親的包容，順應於天，教化於子女，乃為天性。

坤乃土之延伸，亦為口之呻吟，表達之欲也。沉穩精煉，順勢而為，是為神也。母為雙向之溝通，莫落無腦之口舌。

坎卦，是水，是1，是次男，是北。

坎坷的命運才有可歌可泣的詩句，顛沛流離的遭遇，驚濤駭浪的摧殘，才能突顯靈魂的奇蹟。外陰內陽，外冷內熱，外虛內實，外柔內剛，隨時取而代之的老二哲學。水是生命的溫床，是起點。水能載舟，亦能覆舟。在陷地中，險境裡，生於憂患，死於安樂。

離卦，是火，是9，是次女，是南方。

南方豐美，雨露充沛。外實內虛，外熱內冷，外陽內陰，如火焰之艷麗。離則麗，麗則離。中空之尷尬，是故必須忘我方得自己。在大愛的9之能量裡，燃燒自己，照亮別人，方得人生之亮麗。

震卦，是雷，是3，是長子，是東。

雷是空中陰陽交錯的一股強大力量，但空氣不是緊密的介質，於是空中撼動力有限。傳至地底，反作用之力量強大，震撼大地再震至空中。

像是嚎啕大哭的長男，如清晨之雨潤澤了屋簷，震顫了沉寂，帶來了一抹旭日東昇的喜氣，勾勒出了傳承的希望，無限可能。

巽卦，是風，是4，是長女，是東南，音同遜。

長女總想【撰】寫自己重要的定位，對於父母的一切總是疾如風，卻也經常被當成風，流動的空氣。很重要，卻經常被忽略，只有在不好呼吸的時候才被想起。若無豁達自在的思維，那麼很難不陷入痛苦悲催的【選】擇。

巽，需要穩定的框架帶來的安全感，建構靈活的邏輯，不讓自

己死守於困境中，否則真的太【遜】了。

艮卦，是山，是 8，是少男，是東北。

艮既然是山，山阻於前，就是阻礙。但你若爬到山上，像個猛獸，卻有了無限的可能，這個字就是【狠】。愚公移山也是一種選擇，有志者事竟成，有了第一步就有下一步，持續不斷就能走到另一端，這是【很】。

狠，不是無情無義的獸性，而是有心有腦的智取，。決戰時刻，贏了再說。很，是非常，是叛逆，當然就有逆轉勝的契機。叛逆叛逆也得用實力與行動證明你自己。

8 的一半是 4，這是數學。8 的一半是 3，這是縱向視覺。8 的一半是 0，這是橫向截斷。8 的橫躺是無限大的符號。8 是無限可能，而其【根】就在【執行】。

兌卦，是澤，是 7，是少女，是西方。

要【說】好話，說有意義的話，有幫助有建設性的話，廣佈恩【澤】，令人喜【悅】。才有少女的青春蕩漾。

【兌】現你承諾，必有成長的【蛻】變，才能精【銳】你生命的戰鬥力，【脫】穎而出。即使夕陽西下，亦然耀眼如初。

若問八卦為何物，
就是寰宇間萬物變化的邏輯。

2 邏輯的真相

思維就是思想的空間。如果思想的空間維度只有一度,那就是固執在一個點上,最多在一條線上,只有 X 軸。

如果是二度,那就是一個面向,只有 X,Y 軸的片面之觀點。至少三度,那才有立體的空間可言,有 X,Y,Z 軸。若能四度,那已然可以超越時空的限制。除了 X,Y,Z,再多加一個時間 t。五度以上,已是神人之邏輯。

思維與邏輯都是形容詞,也可以都是名詞。但,我們有義務將他們都變成動詞。靈魂才會進步,生命才有精彩。

你以為過去的說客,如何一張嘴奪一座城,就是用那強邏輯攻佔了弱邏輯。鬼谷子的縱橫捭闔之術,即是超強的邏輯。邏輯不是來自西方,只是古中國不稱為邏輯,而以諸子百家的各種模式呈現。就像哲學家也不是盛產於希臘,在人類覺醒,穿越表象的軀體裡,無處不發芽。經典,之所以可成為千古流傳之思維,盡是自成一套系統的邏輯,持續被驗證。

知識經濟永遠不會過去,
但錯誤的知識只會讓你更慘。
藝術家,不要到死才有影響力,
思想家,不要到死才成為傳奇。

知識不能創造知識,但思維可以。
思維不一定能創造經濟,但邏輯可以。

在 AI 已然到來的時代，
大膽預告【邏輯經濟】必然崛起，
但不一定與你有關係。
貧富的差距，主要的原因是什麼？
思維邏輯不一樣。

窮人想翻身，必先翻轉思維邏輯。
弱者欲變強，必先強化思維邏輯。
貧者，什麼都慷慨，就是花錢學習太不捨。
富者，經常很吝嗇，就是花錢學習不手軟。
你說你並不是如此，那只是時候未到而已。

脈絡清晰者皆是智者，
因果透徹者必是覺者。
智慧必在邏輯上扎根茁壯，
不說邏輯已是邏輯。

不靜心，則不覺知。
不覺知，則無邏輯。
邏輯亂，必為走火入魔之招搖撞騙。
老子《道德經》即是邏輯之學。
佛陀之所有經律論皆在邏輯的循環中。
若問邏輯為何物，大自然是也。

不同的歷史，不同的經驗，不同的環境，必然會有不同的邏輯。中華民族的邏輯從伏羲大帝開始，已然建立，就是從河圖建構的八卦。大禹治水，用的紓困之道，即使邏輯，洛書所見之後天八卦，亦是邏輯。

無極生太極，太極分兩儀，兩儀生四象，四象生八卦。陰陽消長，邏輯之根基。文王入獄，編撰周易，從八卦變成六十四卦，已是細膩而完整的邏輯。老子的一生二，二生三，三生萬物。人法地，地法天，天法道，道法自然。此乃明確的邏輯。

多元不是複雜，繁瑣仍然簡單，才是邏輯。邏輯，不必捨近求遠，不要本末倒置，不能顛三倒四，不可玩弄是非。

邏輯，九個字，脈絡清晰的因果關係。

一個字，邏輯是易，更是道。

2 邏輯究竟是什麼

邏輯，就是思維裡不斷巡邏的編輯。

logic，36793=28=10=1。

這個字起於 3 終於 3，可以理解創意的重要。6 是地 9 是天，在天地之愛的分析中，才會有陰陽調和的幸運。總和的數字為 28，外在和諧表達，內在無限可能的循環中，找到了自己。

這就是邏輯哲學裡的真諦。

邏是巡邏，輯是編輯。

大部分人的都是【沒邏沒輯】，

少部分人【有邏沒輯】，

也有部分人【無邏強輯】。

【有邏有輯】已是稀有人種。

· ·

邏輯搞對了，那麼你就不會誤解了人際關係，更不會浪費任何無意義的力氣。

邏輯搞對了，那就不會無腦的告白，而是巧妙的鋪陳與安排。

· ·

不在乎你的人，罵你，是發洩。

在乎你的人，罵你，是愛你。

當已經放棄，厭惡你了，那就懶得罵了，只想遠離。

· ·

思維，讓貨出得去。

邏輯，讓錢回得來。

· ·

把你的邏輯，變成對方的邏輯。

那麼對方的錢就會變成你的錢。

粗糙的叫騙術，細膩的叫藝術。

當你能夠把對方的【思維邏輯】融入在你的【邏輯思維】裡。

那麼你所說的話，不只擁有影響力，更具有瞬間催眠的穿透力。

販售行銷的功夫，沒了這一門，那還真的沒門。

· ·

當你一無所有，卻能快速再擁有，那才叫【富有】。

這富有，就是能力。最重要的就是【思維邏輯】的能力。

＊＊

邏輯思維，是 43，仍有侷限。

思維邏輯，是 34，無限寬廣。

＊＊

觀史盤覓習整變轉逆。

生命靈數、紫微斗數是盤。

姓名學是覓。

文字道、話道、師道是習。

風水空間是變。

奇門遁甲是轉。

全在成就你的邏輯裡。

＊＊

邏輯，就是脈絡清晰的因果關係。

思路中巡邏，踏實沉穩不必急。

2 邏輯的重要

敢上臺，敢講話，需要的只是勇氣。

會講話，想要產生影響力，不能缺乏邏輯。

沒有邏輯的幽默，只是搞笑。

充滿邏輯的表演，都是哲理。

沒有邏輯的藝術，只是空洞的技術。

說不上來的作品，就是無腦的塗鴉。

....

好可惜，早知道，要不然，吃飽沒，你好嗎？

所有的應酬話，都是令人噁心的聲音，但都是包裹著糞便的氣球，你只能遠離，別搓破，否則只會更噁心。

應酬，本來就是假來假去的對應。太認真的入了心，只會傷心。

....

你總是談著昨天，今天與明天。

當你的思維邏輯速度夠快，

每一天都是同一天。

....

你看到了美好，只是來不及看到醜陋。

你感受到了痛苦，只是尚未品嚐快樂。

這不是相對論，不是想法的催眠，而是速度的問題。

....

現在的很多政治人物的邏輯很了不起。

先告訴你沒問題，再告訴你我盡力了。

先說一定會，再說那是誤會。

先是自得其樂，再來自圓其說。

詐騙集團之所以是詐騙集團，

就是搶奪了你的所有，

還要告訴你，他是愛你的。

讓你心甘情願奉上你的血肉之軀，

並且替他吸引下一個獵物。

＊＊

你如果是設計師，

那麼你一定會用你的邏輯來設計，但不一定能符合客戶的需求。

你如果是優秀的設計師，

那麼你就會依照客戶的需求，設計出作品的邏輯。

邏輯就是美工與設計師的差異。

邏輯就是洗頭妹與設計師的距離。

邏輯就是平庸與凸顯的祕密。

邏輯，非練不可。

沒有邏輯，別談設計。

＊＊

得民心者得天下。

但你的天下在哪？

生命中的每一天在哪下功夫，天下就在哪。

既然在天下，就得應天心。

天下蒼生盡是天心所繫。

如母憶子，心心相印，天心即是民心，民心即是蒼生之心。

急功好利，厚己而薄非己，必失蒼生之心，何得天下？

欲得天下，先得民心。

欲得民心，先練邏輯。

全世界的人類，

邏輯教育如果巧妙而徹底，

那麼世間則難有犯罪，

更無戰爭的可能。

World peace. 不再是夢想。

邏輯之轉

包容，是兩件事。

應包而包，不應包則不包，是真包。否則必破包。

容納所可容，不容亦難容，乃真容。

不為包容而包容，有所包容，有所不包容，是謂包容。

有所愛，有所不愛，才是真愛。

愛其不愛，是大愛。

有分別而不分別，才是沒有分別心。

為所應為，不計因果，才是真懂因果，心無罣礙。

89

＊＊

尊者不自稱。

稱謂不自取。

老師，別自稱老師。

老闆，莫自視老闆。

連皇帝都自稱孤寡了，

太高大尚的自稱都不適合你。

理應謙卑。

＊＊

本來就是這樣。

這句話會害死你。這是你常見的狀態，變成了理所當然的認為。你的本來不是別人的本來，當然更不一定會進入彼此的未來。

認識無常的本來，

才能理解真相的原來。

＊＊

語言、文字、行為，

是呈現思維邏輯的三種工具。

沒了嗎？當然有。

音樂、圖騰、數字、氣味、口感、觸感、氛圍，是另外七種工具。

呈現模式是功夫，

品味邏輯是能力。

邏輯與這十項工具，人人的因緣皆不同，於是就有了各種不一樣的對應關係，產生了包羅萬象千奇百怪的百般結果。

2 邏輯的交集

　　父母教育孩子，如果只用自己的邏輯，教出來的不是如同一個口令一個動作的軍人，就是夢想中的複製人。不然就是完全叛逆的人。如果能夠順應孩子的邏輯，那麼就能教出天才，天賦異稟之才。先順應其叛逆，才不會教出叛徒。

　　照書養，養出庸才。

　　照豬養，偶遇奇才。

　　教育的方法沒有一定的好或不好，但要先確認自己與孩子的邏輯是否有交集。

＊＊＊＊＊＊＊＊＊＊＊＊＊＊＊＊＊＊＊＊＊＊＊＊＊＊＊＊＊＊＊＊＊＊＊＊＊

　　鑽牛角尖，是思維空間太小，故意閉鎖了自己了自己的維度。

　　這是暫時性的現象，不是病，卻很要命。

　　因此人生導師最重要的一件事，就是先打開自己思維空間，才能引導那一個牛角尖。這就是邏輯。

　　邏輯需要思維的空間運作，因此必須先擴充空間的大小。否則你的引導必然是誤導。

＊＊＊＊＊＊＊＊＊＊＊＊＊＊＊＊＊＊＊＊＊＊＊＊＊＊＊＊＊＊＊＊＊＊＊＊＊

　　是寫法律條文的人故意語意不清，還是真的文字能力太差？

　　不同的律師、不同的檢察官、不同的法官，為何都可以有不同的解釋與運用？

　　憲法，為何要大法官解釋？為何文字不能一目瞭然？

　　這就是邏輯。邏輯沒有對錯，沒有是非，只有角度，只有輸贏。生死一瞬間，除了呼吸的有無，就在邏輯的強弱。

* *

人們都應該窺探一下你那誤會了一輩子的生命與世界。

當你的邏輯與對方的邏輯有了交會點,才有共識合作的可能。

當你的邏輯涵蓋了對方的邏輯,你就是他的領導。

當你的邏輯滲入了對方的邏輯,他就會習慣你、喜歡你、愛上你。

2 邏輯的病態

一堆人都會說【沒人懂我】、【還好你懂我】。

懂你,並非別人的責任。

讓人懂你,卻是你的能力。

事實上,你的狀況通常是【你希望別人懂的,你並沒有能力讓人懂】,【你害怕別人懂的,你依然沒有能力不讓人懂】。這種心理障礙,就是邏輯的病態。

身心靈的全貌絕對不是只用一招半式就能窺探。世人卻皆以鳳毛麟角般的角度,斬釘截鐵的武斷處理其現象,於是才會誤診。處理了左腳,病了右腿。切除了枝椏,萌發了新芽。

所謂的心靈導師更是要注意,都不清楚了自己的病,如何處理別人的問題。最後只是自造因果的騙局。

沒有雙面向的客觀工具,難以揮灑主觀積累的實力。

就像老師，切莫忘記。

不知學習，不為人師。

師者，只是知識傳導、能力建構、智慧啟發的連接器，而非貢高我慢的痴愚。

2 邏輯與福報

環境、經驗、教育、知識、朋友、慣性、情緒、舒適感，都會影響你的邏輯。

事實上，默默深刻影響你邏輯的是【福報】。福報不足，那麼再聰明也會沒智慧。就會做了錯誤不利於自己的決定。

發生在我們生命裡的人事物，不是因就是果。

因，是遇見。果，是承受。

因，既然是遇見，好與壞都在自己的選擇以及此刻的能力狀態。

果，既然是承受，掙扎與享受都是可以淡然與濃烈的覺知感受。

因果的遇見與承受，都被你的邏輯所左右。邏輯掌控了行為，行為造就了習慣，習慣釀造了因果。

你幫了誰，你可以忘了。

天地已烙印的功勳，跑不掉。

誰對你好，你必須記勞。

恩是債，利息很高，早還早好。

收穫緣起付出，溫度來自幫助。

真誠不必理由，快樂就是財富。

♞ 邏輯錯亂

虎狼用原始的力量自訂地盤，家犬也會撒尿找到存在感。

人類用自己的邏輯，切割了土地、海洋、天空，用所謂的律法框架了所謂的主權。

事實上，人類的邏輯錯亂是地球上最嚴重的一種生物。

繼續霸凌於弱肉強食的自然。

變本加厲的令那天地憂傷。

* *

你說你擁有的太少，事實上這世界沒有什麼是屬於你的。

我們能擁有的，只有體驗。

當體驗堆疊成經驗，並且化為能力，才是你的。

不當大人物，可做大事情。

願居小人物，遠離小人心。

* *

遇見災難，當然是禍。

逢凶化吉，當然是福。

遇難呈祥，是禍也是福，有福有禍，先禍後福。

該來的一定會來，那是必然的相逢與遇見，但接下來的一切，才是真正的天意。

一個企業老闆，

要懂得感激為你拚命的夥伴，

不是耀武揚威的霸氣。

一個員工，

要懂得感激給你舞臺的雇主，

不是自以為是的功高震主。

一個業務，

要懂得感激給你業績的衣食父母，

不是趾高氣昂的囂張。

一個消費者，

要懂得感激為你服務的朋友，

不是有錢人最大目中無人。

當你的思維邏輯不一樣了，

快樂已是湯頭，

順利不是奇蹟。

沒了邏輯，

表達都是錯亂，

語言都是廢話，

聲音都顯吵雜。

態度，是一種心念呈現外在的表象。

決定了你的影響力與他人的觀感。

態度，很難真正洽到好處的裝模作樣。全在你思維邏輯的運轉。

吵架，話要少。態勢要加高。

不是聲音大就好。

話少，出口盡是重點。

狀態氣勢，都必須有脈絡清晰的架構來墊高。

贏的關鍵，就是邏輯。

複雜簡單化是邏輯。

這種邏輯是為了方便傳承與教育。

簡單複雜化卻不一定有邏輯，

但若簡單複雜化並且脈絡清晰，形成了一套因果循環的系統，

那就是另一種邏輯，這樣的邏輯經常是為了利益自己為目的。

政，系統化之人事物。

治，實際狀態之處理。

政，可大可小。治，領導管理。

系統化處理人事物的藝術，

依制度管理，以行動領導，

方為政治。

被動，需要主動的滋養。

就像人們一直在催眠的【被動式收入】，

那是摻雜著 99% 的誘拐與不到 1% 的真實。

而那 1% 的真實，還得 99% 的奮戰。

才能從【化被動為主動】變成【轉主動為被動】。

別人對你的再多批判，

我都當成聽覺的錯亂。

給你機會，

是我願意用眼睛判斷。

但你的刀扎在心上，

別問我失不失望。

是你的未來，我已不忍再往下看。

連我的信任，你都破產。

天地也難幫忙。

歪理也是理。

當歪理邏輯清晰，你就被搞得暈頭轉向，無力回天。

當真理說不明白，那就不如了歪理。

於是你要伸張正義，必練邏輯。

2 套路 信仰 邏輯

套路，來自於邏輯。

當然包含圈套，陷阱與騙局。

因此邏輯沒有黑白，沒有是非，沒有善惡，只有輸贏。

如同兵法的並不厭詐。

如同那句【人在江湖，身不由己】，但誰不在江湖？

強化思維邏輯的能力，才能真正保護自己，幫助別人。

思維邏輯倘若不自由，

經濟自由就是自我催眠的假象，

身心自由就是痴人說夢的妄想，

靈魂自由就是走火入魔的錯亂。

最可怕的戰術，

就是沒有套路。

最犀利的攻擊，

就是吸引力。

就像食物中的最佳佐料，

就是原味。

只有搭配，沒有調味。

只有真誠，才能感動心頭上的味蕾。

美麗的成交，從來不必行銷。

激勵士氣很重要，
但仍有死傷。
不戰而屈人之兵，
不是威嚇，而是融化，
韓信對項羽的四面楚歌戰略即是。

信仰，是一種邏輯。
當然，邏輯也可以變成信仰。
而那不可探究的宗教，
不是理信，而是威權與催眠後的麻痺。
當你能找到你所信仰的邏輯，
才能擺脫你的迷信。
沒有邏輯，就是【迷】。

♞ 書

讀書，是為了贏，所以毒輸。
寫書，找到了血脈，所以不輸。
出書，進入了存在，戰勝了未來。

沒錢時，你說你必須有錢。
有錢時，你說你不能沒錢。
你的生命除了錢，沒了。

沒有不能回答的問題,

只有你無法理解的答案。

套路,是別人的思路,卻可能是你的死路。唯有重整過後所覓得之出路,才會是你的活路。

虛中求實,不得其真。

實中見虛,不辨其假。

真假皆為短暫之現象,共進空無。

極之,必反。

你覺得,不一定是別人的覺得。

眾人的覺得,不一定是天地的覺得。

不覺則不得,若無共同之覺必無共識之得。

人法地,地法天,天法道,道法自然。可覺自然之覺,方有萬物之得。陰陽消長,因果循環,乃自然。

有成就時,寫一本書,是紀念自己。

沒成就時,寫一本書,是墊高自己。

無論何時,寫一本書,都能遇見更好的你。

有一天我們死了,不是埋在土裡,就是放在櫃子裡。卻也只有清明時節才被想起。把自己的智慧,刻畫在書裡,不只全世界的書店圖書館都有你,還有不死的影響力活在那讀者的心裡。

大歷史不一定有咱們的名字,小歷史卻可以在我們的手中延續。

♞ 信仰

信仰來自哪裡？

恐懼，希望，盲從，迷失，騙局。

理解，明白，認同，實踐，分享。

你是哪一種？

不解其宗，何受其教？

信什麼，是緣分，也是選擇。

理解而信，是謂理信，其餘皆是迷信。與你信什麼無關。

軍事，經濟，文化。

小至個人，大至國，

都是生存質量的三要素。

只有一種力量，可以同時凌駕於其上，甚至深耕而滋養。那就是【表達力】。

因汝悲而悲者，只是同情。

因汝樂而樂者，方為同心。

因汝成就而感動驕傲者，是為真愛。

真愛可遇不可求，可信不可仰。

言武子兵法曰：

觀史盤覓習整變轉逆。

前面六字是根，

是能量，是資糧。

但學習各種功夫，

切莫只是完整複製，

而是要變化扭轉的逆向思考。

後面三字是枝葉，才是戰術。

否則就是迷信的愚蠢。

切記，天下沒有兩朵一模一樣的雪花，當然不會有完全相同的葉子。因時因地因場因景而靈活應對，莫將活路套成死棋。

🐴 防守與攻擊

最好的防守就是攻擊，

今天不練你的影響力，

明天就是被影響。

歹徒只想著如何傷害你，獲得他要的。而你卻只想著如何逃避，然後不傷著了歹徒。因為你被法律與道德框架了。所以，歹徒成交了他的任務，你卻只能成為受害者，有時連抱怨復仇的機會都沒有。如何締結你內心的平衡。

邏輯，決定了你的行為，決定了你的方向，當然也決定了你的未來。

♞ 咖啡邏輯

咖啡，數十年來一直都有論戰，卡不完的是非。

反對者說著一堆傷身的證據，告訴世人咖啡少喝。很有邏輯。

支持者提出更多的觀點，告訴世人養生的幫助。也很有邏輯。

而這兩種邏輯此起彼落，不相上下。但誰是真相，誰是騙局？

對消費者而言，又是另一種邏輯。

我喝不喝，與你說什麼，沒有關係。

♞ 知道

朝聞道夕死可矣。

這是孔子的境界，孔子的道只有他自己知道，後人不必胡說八道。但我們該明白，朝夕為一日，孔子把一天當成一輩子在用，而且是知道之後才善用。

知道，多麼困難，你總說你知道，其實從來不知道。

＊＊＊

時間，是一種相對的感受，無始無終，無長無短。

你總說時間管理，這是笑話。時間如何管理？因為我們統統活在時間裡。

我們不知時間是什麼，那又如何管理？

時間不曾存在，那我們能管理什麼？

「管理」這兩個字是人類世界最噁心的字眼。誰能管誰，誰該被誰管？管理只不過是美化後的霸凌。

....

管理，這兩個字不好。要用戒來取代。

但不要只是戒著別人，而忘了戒自己。戒別人，戒出仇來。戒自己戒出光明的未來。

在時間的幻化中，戒除無意義的思維，那麼就會開智慧。

在時間的流淌中，解除不恰當的行為，那麼就會有福報。

智慧是德，福報是福。既有福德，不枉此生，足矣。

♞ 重新開機

看到生，你會想到什麼？

新生，今生，來生，往生。

生是死的開始，死是生的接駁。

管他時間的長短，對於每一生的起承轉合都不盡然令人滿意。與其害怕往生，期待來生，不如把握今生，讓每一天都宛若新生。就是所謂的重生。

怕死，就無法重生。但重生卻不一定要死。死了，也不一定能重生。很多人遇到了檻，不願跨過，讓自己的心跌落深坎，以為自我了斷就是解脫。誰知那是更深的坎。沒還的債，一定得還。沒做完的功課，一定得做。否則就只會讓自己被更厚重的枷鎖牢牢捆綁。逃避沒有任何幫助。

依照質能不滅的定律來看，生生世世只是換了軀殼，實質上的能量並沒有消散。因此切莫以為死亡就是一種解脫，唯一的正確選擇就是面對。

讓自己隨時可以重生，彷彿昨天的自己已經死去，隨時都是全新的自己。這樣的思維邏輯不要只是虛晃的口號，而是確實實踐的觀念與習慣。

成就如何一瞬間，就在觀念與習慣改變的那瞬間。讓自己隨時系統更新，重新開機，而不是永遠期待下一支手機。

2 原理是德，運用是福

一項功夫，若只是學會運用，不明白原理，那麼就容易走偏，走火入魔。

因為原理就是德，運用只是福，有福無德，容易著魔。

不難理解為何習醫術要先習醫德，否則就會從懸壺濟世，變成斂財之舉。病人就只是客人。

習武術必先習武德，否則就會從養生防身，變成豺狼虎豹。

習易術必先懂易理，否則就會從科學智慧，變成玄妙騙局。

不懂原理，即不懂真理。不明其理，即無德。無德而傳即是偏離，必無實才真學。非師也。

♞ 真真 假假 真假 假真

當你只想著利用別人，而找不到自己被利用的價值，那麼談合作都只是虛晃一招的騙局。當你慣性自相矛盾於自己的承諾，無視於人們對你真誠的對待，那已是毀滅自己的愚蠢行徑。

你濫用著你的實，彈盡援絕，必然虛。你虛著你的虛，虛上加虛，只會更虛。

不曾假過，當你遇見了真，必然惺惺相惜。
不曾真過，當你遇見了真，也不會太久。

不管你是真假還是假真，你都必須能判別假與真。你會說，看到這裡已經一頭霧水了，太難了。人一定要那麼複雜嗎？

不是一定要那麼複雜，而是你必須用簡單的心，面對這世間的複雜，並且習慣它。那麼你才有機會享受那簡單的美好。

那人與人的應對應該怎麼辦？依舊堅定你的真，不要用真性情表態，這是禮貌。熱情的對待，不衝動，可期待，這是理性。當禮貌與理性都有了，那麼基本上不會遭遇太多傷害，這就是恰到好處的應對進退。

真真，真的很真，就是赤子之心的呈現，喜怒哀樂形於色，喜歡就喜歡，生氣就生氣，這種人最容易受傷。

假假，假的很假，這種在商場，政治圈，演藝圈，社團，常常見到。並且不會有真正的朋友，只有物以類聚的假假圈。

真假，真的很假，這種看起來很不舒服的對象，歡場中比比皆

106

是，逢場作戲，看得也很累。就是真小人。

假真，假的很真，這是業餘影帝影后級的很愛演，演的也確實很好。就是最令人厭惡噁心的偽君子。

頭要爆了，對吧？

管他媽媽嫁給誰，咱們只需要真我們所想真，假我們所想假。輕鬆自在面對。用言武門的兵法邏輯，你已能巧妙應對。

🐴 常識

常識，是日常生活所必須明白的見識。但即使高知識分子，常識經常也少得可憐。因為人們對於生活的認知已經很不正常。

沒事不要看醫生，戴著口罩，也不知道帥不帥，美不美，還得掛號排隊才能看見。如果搞不清楚要看那一科，請直接去診所理解一下。有良心的醫生不會硬來，需要檢查的都會推薦到大醫院。

一旦是如此這般的到大醫院，並且有很不舒適的感覺，請直接先掛急診。那麼就會在急診室找到比較明確的方向。該驗什麼，該測什麼，該照什麼，都會急件處理。現場就會知道檢測結果，否則門診又是先預約檢查，再等下一次複診。

但不是醫生說要什麼檢查就什麼檢查喔，因為檢查是為了發現問題，解決問題，而不是製造問題。有一些太科技的東西是不一定有意義的。

人是肉做的，難免會生病，無奈的要請醫生看看時，請務必要有邏輯，否則只會苦了自己。

　　對於自己人生的路途也是，算命先生也不一定理解你要的是什麼。所以學會自己看，自己判斷，真正需要時再找高人指點，就不會病急亂投醫了。

　　買房子亦然，你要的座向，房仲給的不一定正確。好不好，只能你自己說了算。連方位都搞錯，請再高明的風水師也沒有用。因此自己學會看，才能買到真正對的房子。當需要微調時，再請大師親臨指點。

　　這個道理跟自己學煮菜一樣，我們不必學到成為米其林大師級的主廚，但自己簡單炒個菜，煮個麵，做個蛋糕點心，總可以吧？

♞ 從不間斷

　　每天寫文，從不間斷，五年了。

　　不是為了你的讚，

　　也不是為了你的看。

　　而是希望恰巧剛好，

　　在你有疑惑時，

　　這些文字能給你力量，給你方向。

　　幫上一點忙，已是無憾。

　　在我的動態裡、臉書上、微信朋友圈，往前翻閱，肯定能夠找到你的希望之光。別只是用眼望，而是用心看，用靈魂體悟。

因為人生的問題不多，
只是用不同的模式遇見而已，
這五年上萬篇的短文，
必然有你要的答案。

咱們可以用一百種方法，創造一千種機會，只為完成一個目標。
千萬不要用一百個理由，毀滅一千個機會，只為詮釋一種墮落。

別問你能給我什麼，
要想我能為你做些什麼。
別說貴人沒有來，
要看咱們是否派得上用場。
付出即是收穫，
過程就是享受。
有因緣是福，
有行動是德。
福德兼具，方有智慧。

♞ 從新定義

從新定義你所認知的一切

革命，你如何定義？

不應只是類似推翻滿清的行徑，

不應只是莫那‧魯道捍衛尊嚴。

而是【改革自己的命格，革新自己的命運】。

而這革命要成功，不是決心，而是從【邏輯】開始。

若非兩難，何須決策。

當決策已是智慧的習慣，

萬事皆不難。

而這難與不難，都在邏輯上判斷。

♞ 陰陽相對論

愛因斯坦的相對論舉世震撼，然而這只是在物理學上的被認知。

1905 年及 1915 年，愛因斯坦相繼提出狹義與廣義的相對論，全新的量子力學概念對牛頓古典力學開始產生了衝擊性的影響。

在那質能不滅的 $E=mc^2$，能量等於質量乘以光速的平方。翻轉了人類對物質與能量的思維。這一切的新思維新邏輯，才在地球上誕生了一百多年。

但古典的一切並沒有因此被摧毀，而是同時存在於這世界，就像光之波動與粒子的特質無法真正的誰取代誰。

110

1980 年，愛因斯坦的女兒在其父親往生 20 年後公布了遺言，而這遺言在網路上搜尋即可知悉。最重要的就是告訴世人：不要盲目的追求真相，不要無腦的解讀科學，這世界物質根本不存在，唯有愛方能造就永恆。

偉大的科學家，從來不只是科學家，而是在有限的科學中釋放不必用科學解釋的愛。

如此這般的偉大相對論，其實只是中華文化根源太極【陰陽】的冰山一角。在眾經之首，眾經之源，眾經之始的易經之中早已闡述了真正本質上的相對論。那就是萬事萬物盡是陰陽。陰陽是最透徹的真相，無始無終無邊無際。

從伏羲大帝的一畫開天就是太極，太極是陰也是陽，陽中包陰，陰中含陽，不可切割，無法間斷。極陰極陽都是不曾真正單獨存在的瞬間。太極生兩儀，兩儀生四象，四象生八卦。八卦定九宮，九宮見十方。

陰陽就是中華邏輯的根本思維，所有的諸子百家論述，不曾出脫這個範圍，因為這世界寰宇間，不曾有範圍。

咱們不是要穿鑿附會的往臉上貼金，而是要告訴所有的中華兒女們，我們有義務責任建構科學化的邏輯，讓老祖宗的智慧，遺愛世間，而非連我們自己也都是朦朧未知的不知不解，更別說是一知半解的自我安慰。

中就是核心，核心就是真相，真相就是陰陽。陰陽就是太極，太極往上開花，衍生四象八卦六十四卦，就是中華。

🐴 善用你的情

你說著寫著你的心情，

並沒有辦法提升你的行情。

牽動感動別人的激情，

卻能幫你完成你真正想做的事情。

愚者濫情，智者煽情。

被情緒奴役，一敗塗地。

善用情緒，撼動寰宇。

被人感動是一種享受，

感動他人是一種成就。

感動的主動與被動都是激情，

而其源頭都是能力與願意。

音樂會讓人迷亂，讓人悲傷，讓人煩躁，

當然也能帶來療癒與振奮。

把那碎落一地的情緒，重新串起，整頓，共振。

言語與文字也是一樣，不是為你完成任何事，

而是為你的思維灌注了執行的靈魂。

善用情緒，必須理解情緒與萬物間的關係。

情緒不等於能量，但是情緒絕對左右著能量的方向與強弱。

情是火，緒是木，火燒木，除了熱能、光能，

還有二氧化碳與水以及各種新物質，千萬不要只剩悵然的灰燼。

♞ 喜羊羊與灰太狼

如果羊吃肉了，並不會變成狼。

如果狼吃素了，也不會變成羊。

吃什麼，是一種選擇。

你是什麼，卻是本質。

別當吃肉的羊，那會消化不良。

別惹吃素的狼，那會死得很慘。

雞就是雞，別學老鷹飛翔。

希特勒殺人如麻，卻是素食的霸王。

當你永遠不一樣，卻都朝著同樣的方向，那麼必然成功。

當你永遠都一樣，卻總是有著不同的方向，那麼肯定失敗。

你為何會一直走錯路，做錯事，說錯話，找錯人？

沒什麼，只因為你腦子有問題，邏輯錯亂了。

♞ 番翻

番，是過去對外國或少數民族的通稱。

然而這個字，很讓人不舒服。少了尊重，多了不認同。

番，應視為原始。

既然原始，就必須典藏。

既然原始，才有真誠，也才有那尚未污染的邏輯。

反觀自己，自以為進步，其實我們才是番，外來的侵略者，抹

滅人性的粗暴，侵犯了原貌的安然，才是【真番】。在我看來，十字軍東征，假聖戰之名，歷時近 200 年，愚蠢至極之【番行】。

成吉思汗之西進，看似勇猛，卻是莽撞之【大番】。

日不落英帝國，全球殖民地最多，奴役之思想，【超番】。

120 年前的 1900 庚子年，八國聯軍，乃為真正【極番】之霸凌。

當然，人類的傲慢與貪婪，永遠無法消弭其【番腦】。

那一切尚未進化的思維，有待【翻轉】。

♞ 超越習性

孟子曰：性善。

荀子曰：性惡。

言武子曰：

性乃無始之習性，無關善惡。

善惡之念，人皆有之。

智開則善，慧沈則惡。

教為方圓，習乃扭轉。

盡是自然。

習性就是一種慣性，如同牛頓第一運動定律所述之慣性定律，靜者恆靜，動者恆作等速度運動。

想要改變這種慣性，必須給與外力，有時是別人的教育，有時

114

是際遇的刺激，才有激發改變的可能。此乃呼應牛頓的第二運動定律。F=ma，F：外力，m：質量，a：加速度。

超越習性，必須有改變的決心，而這種改變也必須有學習的歷程。沒有學習，想要改變命運，想要逆轉劣勢，那就是癡人說夢，異想天開。

人們總喜歡自己得天獨厚，這是妄想，這是貪婪，這是沒有邏輯的智商不足。遇到悲慘的事，都問【為何是我？】。看到幸運，都問【為何不是我？】。豈知大自然的現象，牛頓第三運動定律也描述了，有一作用力，必有一反作用力。這就是陰陽，這就是必然的因果關係。

水往低處流，是水的慣性。但噴泉呢？就是壓抑太久而衍生的爆發力。人往高處爬，只是為了找尋機會，並非慣性。人在正常情況下都是墮落的，都是懶散的，都是自私的，都是自以為是的。

科學有時在發現自然，有時在探討自然，有時也在挑戰自然，有時更在破壞自然。因此科學沒有善惡，卻被人性的善惡所左右。甚為可惜。

所以，時代的科技是進步了，生活是方便了，智慧卻不見增長，反而退化了。這是為什麼？就是習性所造就的惡性循環。

科學是表象，哲學是內涵。在探究科學的美好之際，切莫忘了同步研討其對應的哲學，如此方能陰陽平衡，進入良善的循環。

在習性中妥協自己，那麼必然在輪迴之中。唯有脫離萬有引力所造就的衛星軌道，才能解除無奈的枷鎖。沒有放下，就無法提起。沒有犧牲，就沒有永恆。

超越習性，才有奇蹟。

2 亂中之靜

亂與靜是一種陽與陰，亂中有陰陽，靜中亦然。亂是一種太過自由的反而沒有自由，靜是一種限制自由的沉穩自由。

亂中之亂不會太久，那是陽中之陽的不平衡。有如宇宙爆炸，從新建構的一種新的狀態。

靜中之靜不會太長，那是陰中之陰的極端渴望。有如黑洞的吸納，不知何時才是飽和的存在。

亂是靜的源頭，靜是亂的根。如同有與沒有就是一種自然交替的現象。高低，左右，強弱，貧富，所有相對應的一切皆然。

大時代就是亂世，越亂越能突顯智慧。盛世就會腐敗，越茂盛越會滋養幽暗。

春秋，西元前 770 年至西元前 403 年。

戰國，西元前 402 年至西元前 221 年。

整個春秋戰國足足經歷 549 年，是中原蒼生最混亂而最拖泥帶水的時代。這個時期的人們，出生於戰亂，也死於戰亂，不知真正的太平是什麼。偶遇的太平幾年都是僥倖，而非必然。

然而在這時期，人們極欲沉澱，奢求安然，反而臨危不亂的建構了各種清晰的思路，抽絲剝繭了各種邏輯，在混亂的環境潮流中，盛開了各種智慧，百花齊放，各展嬌媚，舞動英姿。於是積累了諸子百家學說，各立山頭，目不暇給。

春秋戰國是哀鴻遍野的大時代，更是大智慧引爆的時代。此乃亂中有序，亂中之靜。老子、孔子、孫子、墨子、鬼谷子，諸夫子盡是在那當下臨世教化於蒼生影響於後世。

116

希臘哲學，佛陀的超脫，也在這個時代。看似巧合，卻是自然。

於是，在咱們此刻的這個時代，是盛世，也是亂世。物質充裕的盛世，心靈混沌的亂世。請勿翻攪於蒼茫的思維，務必靜心於混亂中的條理。找到你所需要的邏輯，你會發現你所困頓的窘境不是苦難，而是翻騰的契機。

2 想 說 做 之 邏輯

說自己已經做到的事，不要炫耀。

說自己正在做的事，激發同好。

說自己想做的事，引發共鳴。

說自己並不想也不做的事，必是騙局。

判斷一個人，不用魯班尺，只需看看是否【說到做到】，否則盡是胡說八道。

很多人滿口都是遠見，

但實際上呈現的都是短視。

如何解釋？

只有三種可能：

1. 自欺欺人；

2. 不認識自己；

3. 沒有福報。

遠見不是說的，

而是做的。

否則，誰都看不見。

* *

生命所遇見的一切，

大多可以美好。

千萬不要總在誤會中，

堆疊困擾，自尋煩惱。

遠離顛倒自己的思維，

建構良善循環的邏輯，

你好不好，都在你自己建構的心腦。

♞ 愚民蠢君

秦王政，就是後來的秦始皇，看了韓非的作品，驚嘆的說：寡人若能見到此人，並與其對談，死而無憾。可見韓非的思想邏輯與文采，連這千古一霸王都佩服。

但韓非口吃，於是秦王相見不如想念，李斯陷害把他壓入大牢爾後害死，等到嬴政後悔了，也來不及了。此乃告訴世人【即使你有天忌之才，不會講話，何等悲哀】。

焚書坑儒，是為了愚民。那是李斯建議秦始皇的政策，方便統治。然而自己卻博覽群書。漢武帝獨尊儒術，罷黜百家，亦是另一種愚民。自己卻通曉諸子。

趙匡胤尚文輕武，精湛了文化，卻弱勢了自保，良將無真勇武

之地，奸臣群魔亂舞，軍事之弱，才會被忽必烈所滅。也是一種愚民。

愚民之計，從古至今，不曾喊停。

而此行徑更是蠢君之行。

智文武三全，方能在軍事、經濟、文化上三足鼎立。當你不學習了，不強化自己了，那麼你就是愚弄自己的昏君了。

一段文，看三次，感受都相同，那表示你沒有進步。

一句話，說三次，呈現都一樣，那表示你沒有突破。

簡單的事簡單做，從裡到外，從表至內，從深度、廣度、高度、精準度都極致化的簡單，那麼已經沒人可以說你很簡單了。

♞ 過錯 錯過

人，一定會做錯事。

做錯事，調整了，學習了，

那就成長了。

小事不注意，就會變成大事。

還回得去的大事，那也算是小事了。

沒做錯過小事，就很難避免做錯大事。

因為你錯過了在那每一次的做錯的機會中學習成長，

就少了未來面對大事的處理能力。

學習，不是只在對的路上，也在錯的事上。

在所有發生中建構你強大的邏輯。

不怕做錯，只怕錯過。

過錯已過，錯過沒了。

＊＊＊

富有，不是物質充裕，內在空虛，那麼必然坎坷。

強大，不該貢高我慢，眾叛親離，那麼實然脆弱。

什麼都有，其實很容易瞬間空無。

你要練習，什麼都沒，天地不棄。

＊＊＊

誠實，當然是對的，

但大多數的人卻都誤會了誠實的意義與真諦。

該誠之時不誠，該實之時不實，不該誠實之時卻誠實了。

人事時地物，都必須確認狀況，才能決定該如何誠實。

誠實之不當，那就是表達力的失當。

不誠實的恰如其分，反而是委婉的妥當。

誠不誠實，必須加上陰陽邏輯的狀況，否則就是弄巧成拙的傷。

2 線點面

點線面，是擴充的順序。

面線點，是反應的速度。

線點面，是翻騰的邏輯。

∗∗

應該，本來就是，我認為，正常來說，一般來講，原則上，然後，接下來。

那是沉睡的大腦，毫無方向的思考。

全是誤會一場。

∗∗

用別人的懂，

充填你的不懂。

用你的懂，

融化重塑別人的不懂。

過濾一切不必要的懂，

迎戰一切的似懂非懂。

如果已經有人做得很好，

那麼我不必湊熱鬧。

只要你想到，很可能是別人所已經做到。

因此你必須做著別人的想不到。

不是平衡你的左腦與右腦，

也不是敲打著電腦，

而是啟動你全新打造的非腦之腦。

生老病死，成住壞空。

有進有出，有呼有吸，是活著的自然。沒了，是死亡的自然。

生是死的開始，死是生的緣起，萬物皆然。

寰宇一切皆可由物理化學數學去剖析，盡在自然。

2 誰不是獨一無二

不想被催眠而被成交，

那就清醒勇敢的把自己成交。

成交是生命的花火，

成熟的交代。

行動，更是點燃燦爛精彩的唯一火種。

對於細菌病毒有抵抗力，是免疫力。

對於情緒波動有淡化力，是 EQ。

信守承諾，不是做給誰看。

而是真正的八德之首，就是【忠】。

不是愚忠於迷失，不是愚忠於威權，

而是忠於自己的靈魂。

當一個人沒了中心思想，不忠於自己的言行，

你說還有什麼可以被信賴的價值？

懷才不遇，有三種。

有真才，不想被濫用，待價而沽，擇主而侍。

無真才，卻自我感覺良好，抱怨世人皆眼拙。

才皆備，獨缺表達力。

因此這世界，根本沒有懷才不遇這件事。

不走出去，如何被遇見。

不善表達，誰能知道你？

什麼功夫都可以不會，就是不能沒有表達力。

．．

擁有，是你的渴望，而你卻只是觀望，

不出手，未行動，永遠沒有。

不懂掌握機會，

如同捨不得挖掘眼前的嫩筍，

那就等著餓死，

然後枯骨伴隨長大的竹子。

．．

捨不得雕琢自己，

那麼等著變成腐屍，

瞬間被完美的啃食，

啥也沒了。

破釜沉舟是項羽，

背水一戰是韓信，

東施效顰卻也不該是你。

．．

學習八字訣，

模仿，複製，變化，創造。

只有前面四個字必死無疑，

加上後面四個字，才是翻轉命運的八，無限可能。

模仿的只能是精神，

複製的只能是感覺，

變化的必須是靈活，

創造的才會是精彩。

你追求獨一無二。

無聊！

誰不是獨一無二？

重要的是你的一怎麼寫，

看不見陰陽的平衡，

飄在紙張上毫無勁道的筆墨，

再怎麼獨一都很二。

2 翻轉你的邏輯

忍讓不一定是慈悲，

而是協助對方造孽。

忍，是鍛鍊，不是盲目無是非。

讓，是施捨，不是無能的退卻。

當忍則忍，當讓則讓，

適時反擊，才是教育彼此的隨喜。

. . . .

自尊心被踐踏，

不是別人的錯，

是你太脆弱，

沒誰能真正保護你。

自尊，是尊重自己。

尊嚴，是尊敬自己的莊嚴。

別人的詆毀，誣衊，輕視，傷害，

不是蹂躪你的自尊。

恰恰相反的，

他們正在幫你找回自尊。

. . . .

自尊心，別忘了那顆心。

請問，你的心在哪裡？

懂了，提昇。不懂，沉淪。

別談自尊。

生意生意，做生意，談生意，

都在領悟生命的意義。

佛說是佛說，等你成佛再說。

子曰是孔子教育其弟子，因應當下狀態所說，不是你應說。

《孫子兵法》云是孫武在春秋戰國時所述，

而你卻在這個時空亂說。

名人所言，是他們歷練的體悟，

你該做的是領會而學習，不是依文解字，胡謅。

··

當你不滿意別人的反應，

不是立馬衝突，

而是檢視自己的態度。

因為你所看見的都是鏡像的倒影，

而非實境。

··

俗話說，也可不俗。

其實，不實際。

嚴格來說，太鬆散。

我認為，太狹隘。

然後，你不懂。

你的一堆口頭禪，都是無腦，並非禪。

每一句流行的理所當然，

你都必須不以為然，

才會找到你表達力的新鮮感。

․․․․․․․․․․․․․․․․․․․․․․․․․․․․․․․․․․․․․․

看見銀河的，是眼睛。

穿越星際的，是心。

無需光年算計，只在瞬間飛行。

․․․․․․․․․․․․․․․․․․․․․․․․․․․․․․․․․․․․․․

銷，乃金之消融。

肖乃相似，是故同頻共振。

銷則售之，有無之交換，必先肖己，類己者取。

肖乃善賢之共襄，金石可化。

金乃兵戎，肅殺之氣，銷如戰役。

金生水，銷則必消。

此乃自然運行之軌跡。

․․․․․․․․․․․․․․․․․․․․․․․․․․․․․․․․․․․․․․

當一堆人都在讚美你，你問我為何不給掌聲。

因為那會害了你。

當所有人都在唾棄你，你問我為何幫助你。

因為我相信你能再度崛起。

別人做的，我不做。因為我叛逆。

․․․․․․․․․․․․․․․․․․․․․․․․․․․․․․․․․․․․․․

邏輯與是非善惡無關，但若真的邏輯強了，就不會前進惡途。

聰明，大家都在說。但，什麼是聰明？耳聰目明，必須連到大腦。記憶的強弱與反應的快慢，似乎是大家對聰明的定義。腦袋的好壞與 DNA 遺傳有關，但真正的聰明是在邏輯的脈絡清晰，因果建構的能力。必須訓練。

學校誤把邏輯當數學，當理論，當科學。大錯特錯。

邏輯是潛能開發的最重要環節。邏輯不通，潛能永遠塞住。

不必去上無腦的套路課程，短暫的催眠激勵。邏輯通了，自己的潛能，自己開發，自己的士氣，自己激勵。那才是真正的聰明，與你唸哪一所學校，成績好不好毫無關係。

* *

千里馬與伯樂

人人都想當千里馬，

都希望遇見伯樂。

那為何不學習當伯樂，

在那萬馬奔騰中，

珍惜你的遇見。

♞ 大小

不怕自己太渺小，就怕你無法明白你的小。

不怕對手太強大，就怕你無法認識他的大。

大小從來不是勝敗的主導，在你決策關鍵的每一秒。

歷史上的經典戰役，都是以小搏大。

三國時期的三大戰役，官渡之戰、赤壁之戰、夷陵之戰都是。

敗者，原本都以為必勝而輕敵；勝者，都以其巧妙決策而贏戰。

歷史，你是記得了；教訓，卻也忘了。

不要想著忘記，因為那會牢記。

不用刻意記得，只需變成習慣。

人們總希望自己的展現超乎尋常，

事實上，只要能讓自己持續堅定著日常，那麼已經很不平常。

神的行徑絕對很清醒，但因為大多數人都醉著，

所以以為他是神經病。

神經病有一種超乎常人的自信，

只專注在他活著的世界裡，所以看起來很神。

你，不是神，也不是神經病。

但你必須有能力判斷你的遇見，到底是神還是病。

良藥苦口，這句話是錯的。

藥，是快樂長出來的草。既然是藥，理應讓使用者快樂。

當然，先苦後樂也沒有不對。

但，藥不盡然都是苦的。改變，不應該都是煎熬的。

心態對了，一切的滋味都是美好的。

＊＊

每日一小時固定做兩件事，

持之以恆，身心靈必然壯大。

半小時【運動】，半小時【思考】。

運動時不思考，思考時不運動。

運動為陽，思考為陰。

運動是放鬆，思考是進化。

運動不是亂動，而是感受心跳的脈動。

思考不是亂想，而是建構邏輯的靜心。

♞ 不一樣的面對

對於昨天，你不滿意，

那麼別抱怨，別生氣，請爭氣。

幹掉昨天，超越昨天，那麼才是帥氣，才是接地氣。

沒那個勇氣，那麼請感激。

因為再爛的昨天，都是天，都是今天的累積。

＊＊

用擱置取代等待，

將心力花在另一個目標。

同樣的時間過去，

完全不一樣的狀態。

等待，是浪費。

擱置，卻是一種不浪費的等待。

眼裡，有沒有你，並不重要。

心底，無法抹去，才是影響力。

前行，都是反作用力的推進。

起飛，都是風的阻力。

機會，都在反其道而行的叛逆。

愛面子，就別怕丟臉。

練功夫，就別怕殘疾。

萬丈高樓從地起，

先貧後富，先醜陋再亮麗，

忍辱後的爆發力，盡是史詩般的旋律。

享受，不該是自私的貪婪，只願承接舒適的美好。

而是細緻品嚐享用每一種恰巧遇見的感受。

當那哀傷憤怒痛哭的體驗，你也都能享受，

那才是真正懂得享受。

你總說別人【不懂你】，

但這不是別人的錯，而是你。

練好你的【思維邏輯】，

讓人懂你所希望他懂的，隱藏你所不願被懂的，就能隨心所欲。

辯論沒有是非沒有對錯只有輸贏，

成敗之關鍵只在思維邏輯。

表達力的真功夫，不是嘴上的陳述，而是腦袋的反應速度。

歡喜見到別人強，激勵自己更強。

快樂見到別人好，勝過自己的好。

這才叫氣度。不要羨慕，不必嫉妒，只能讚嘆，只有祝福。

被你管理的，不是你的資源，追隨你所領導的才是。

你所掌握的，不是你的資源，除了愛你的，被你感動的才是。

愛來自於付出，感動緣起於幫助，沒了。

當我找你共襄盛舉，你參與，

就是對我、對你、對世界的幫助。

也就是傳說中的共造善業。

互為貴人，我感激。

132

♞ 天生我才

　　在我們年輕時，絕對沒有想過，老是這麼快速的事。有一天我們死的時候，也不會明白為何活著的時候想不到這一瞬間呢？

　　天生我【才】必有用，但你知道你的【才】是什麼？又該怎麼用嗎？知道了，必然安穩踏實。不知道，肯定毫無標的。

　　當時間快速到一個極致，那麼生老病死看似漫長的歷程，其實都在同一天。

．．

　　年輕人的無厘頭有時也是一種赤子之心的反應，

　　少了束縛，沒了框架，多了刺激與新鮮，衍生了無限可能。

　　我們曾經也年輕，晃眼你們也即將像我們。

　　生命如此短暫，切莫蹉跎。

．．

　　詛咒的力量很強大，但也會反饋回發出者的身上。

　　祝福的力量很奇妙，心念傳遞的瞬間，自己已經快樂。

　　這不是宗教的鎖鏈，而是大自然的現象。

　　因果，從來沒有饒過誰，你不必犧牲自己在那深惡痛絕的感受裡。發洩情緒是健康的，但千萬不要不健康地發洩。很多事，交給寰宇的老大處理，就是完美的自然。

　　天生我才，不是獨厚的給與。

　　而是無始以來的累積。

　　堪不堪用，好不好用，該怎麼用，不是看天意，而是看自己。

2 少林功夫

南北朝時期，達摩祖師來到中原，梁武帝問其所為有無功德，達摩祖師回答沒有功德。於是被放逐北漂。落腳在河南嵩山少林寺，後山面壁九年。成為中國禪宗初祖，影響後世甚大。大部分的人認為他享年 150 歲，但實際上不可考。並且後人開棺發現並無屍首，只留一隻草鞋。傳奇的歷程遠播全球。

達摩祖師所傳之易筋經是絕學，少林七十二絕技更是精湛。至今少林功夫依舊撼動著世界。

然而，少林功夫裡有很多都是來自大自然動物的啟發。龍虎蛇豹鶴五拳即是。自然界的這些動物，在人類沒有工具可運用的狀態下，誰能夠是他們的對手？所以人類究竟是退化還是進步？

Nokia 多年前的廣告就已一語道破【科技始終來自於人性】。科技滿足了人類虛榮奢華方便放縱的需求，其餘的很多能力都是退化的。包含身心靈所有的一切。

可以躺就不想坐，可以坐就不想站，可以搭車就懶的走，可以機器就不願人工，可以電腦就不用人腦，有人可幫就不必自己來。所以貴人把所助之人變成了廢人，甚至犯人，死人。

再回來少林瞧瞧，可以自己來就不假手他人，可以原始就不必科技，於是就將野生動物的能力複製到了自己的身上。

文明為何要加上病，文明就文明，為何反而衍生新的疾病？

因為方便與效益這幾個字等同於退化與墮落。

♞ 可不可以

明知山有虎，偏向虎山行。

不一定是勇敢，有時是愚蠢，是無知，是無奈。

不一定是已經準備好了，有時是想測試一下自己的能耐。

但你出發前，不能不沙盤推演，不能不徹底盤點。

不入虎穴焉得虎子。從任何角度都看不到這句話的正面意義，就是貪婪而下險棋的莽撞而已。

人們總是喜歡拿世間的特例來看待自己，殊不知凡事都有自然的規律。別人可以，因為有他們的各種條件，天時地利人和，不代表你也可以。

你不做你的可以，偏偏要做你的不可以。就像卜卦，就是請寰宇給與明確的方向以供決策。就像拜軍師就要尊從軍師的建議所運行。若依然要一意孤行，那麼全軍覆沒，賠了夫人又折兵，後悔莫及。何必多問？

任性，有時確實帥氣、瀟灑，卻也必然是傷痕累累，滿目瘡痍的結局。生命的每一個決策都是戰役，沒有喜不喜歡，沒有感情用事。還沒開始，已經輸了，別在泡沫裡再造廢墟。

♘ 成交

　　成交，是所有銷售者的期待。倘若你能讓被成交者，也能興奮、感激、愉快，那才是真正【有成就感的交易】。於是，我們明白了，成交的層次很多元。有的是衝動的懲罰，有的是氛圍誘導式的傷害，有的是雙方皆喜悅的擴散。

　　成交，環環相扣，有時像斷了線的風箏，有的像殺雞取卵的焦土。而你要建構的不是短暫的假象，而是不斷延伸的下一次成交。生生不息的成就感與綿延不絕的交易，才叫【成交生意】。不只交易，而是交意。

....

　　結交優秀的朋友，肯定讓你擁有虛榮感，但你必須轉為激勵自己的動力。讓優秀的朋友因為認識你而有了優越感與踏實感，才是你真正成長的痕跡。

　　你說誰是你的朋友，其實都只是展現了你的弱。當人們興奮的驕傲的說著你是他的朋友，才開始真的呈現了你的強。

....

　　業務，最愛講的就是【天道酬勤】。

　　事實上，勤的方向與方法錯了，再勤也沒用。

　　成交，不能用推的，而是用吸的。

　　滿足對方的需要，凸顯你的優勢。接下來就是用【誠信與熱情的態度】深耕這項緣分。

....

對人事物的認知有所錯誤，都是來自思維邏輯的錯亂。

人脈就是錢脈，這句話迷亂人們已久。事實上，你必須認識什麼才是人脈。

你認識很多人，但他們與你無任何交集，不喜歡你，也沒欠你，這些都不是你的人脈。

你沒認識很多人，但很多人【1 欠你，2 需要你，3 喜歡你】。夠了。這些都是你的人脈，懂了嗎？

邏輯正確了，你就不會再浪費寶貴時間精神金錢在錯誤的方向。

征服他，不如感動他。

說服他，不如感染他。

毀了他，不如感化他。

感動，感染，感化，

都是共振的頻率。

無需接觸，不怕距離。

♞ 自己的分數自己給

別說認識我是福報，

讓我認識你才是。

別以為被選擇是幸運，

能選擇才是。

* *

為何過去的認知常常是錯的？

因為教你的人，以為他是對的。

學了一堆，依舊失敗，因為還沒找到邏輯。那就必須先進入邏輯，才能學習嗎？不是。因為沒有學習，沒有錯過，做錯，沒有所有的不美好，那麼你永遠遇見不了邏輯。

* *

生命中的問題要問誰？

在如同白紙的孩提時，你一定有一萬個為什麼？一萬個那是什麼？這時候問的一定是大人，但不一定會有你要的答案。而且答案經常也是錯的。

當你已經長大了，你可能要回答周遭所有人兩萬個問題。但你自己的問題該問誰？

這時候你第一個要問的是自己，然後自己找資訊，仍然理不出答案時，才應該開始請教你認為可以給你標準答案的人。

那誰是可以問的人，那就還是必須先問問你自己。

* *

不必在意別人給你的分數，
因為評審很少比參賽者強過。
就像選美的舞臺，
請問哪個佳麗比裁判醜陋？

2 你在找什麼

你千里迢迢的尋找的蓋世武功，
卻是自我催眠的挖洞給自己跳。
真理從來不在遠方，
而在張眼可觸，閉眼可覺的心房。
神明不在廟宇，菩薩不待山巔。
只在他們覺得必須存在的時空裡。
有眼不識泰山。
當然，請問你認識哪座山？
除卻巫山不是雲。
是的，從來你的見識就太少。
不見廬山真面目。
確實，你已身在此山中。
山腳山腰山頭繞，
處處風景處處妙，
若欲覓得山外山，
凌駕九霄盡渺小。

2 你認識自己嗎？

曹操之智，求才若渴，怎麼會不把孔明納為己用呢？因為兩個處女座都有自知之明。曹操知道孔明不會被他用，孔明清楚他也輔佐不了曹操。

知人善任只是聰明，自知之明，必有智慧。

孔明三氣周瑜，基本上周瑜就是孔明把他氣死的。周瑜的喪禮中哭最慘的卻是孔明。那是因為孔明真知周瑜，周瑜卻不認識自己。

孔明讓司馬懿氣得牙癢癢，但孔明死了，司馬懿卻哭了。因為天下間唯一的知己走了，寂寞了。知己常常不是夥伴，而是敵人。夥伴有時都是笨蛋，卻要說自己聰明。

認識別人很重要，認識自己更重要。但大部分的人過了一生，悲哀的不是沒被誰認識，而是即使自己生的，生自己的，與自己睡的，統統不認識。

♞ 別急

急著開花，就不易長大。

急著發達，就容易成為火花。

少年得志，若非早逝，必志早失。

. . . .

競技場上，有很多規矩，包含得分的要領。

但人生很多時候不是比賽，而是生死決鬥的自由搏擊，能不能存活才是重點，分數毫無意義。

別把獎盃獎牌獎狀的虛名當成你成就假象自我麻醉的陪葬品。

. . . .

各種表演型的比賽，

評審從來沒有比參賽者優秀，

但為何總可以說出各種很有邏輯的判斷？

因為評論與審視，是生物的本能。

但批評者自己並不一定做得到。

於是我們清楚，

批評被批評，與你實質的強弱無關。

只是你必須更加明白，

【說話的力道，來自你是否已做到】

. . . .

曾經你會以為社交場合的裝模作樣是一種禮儀，

你會以為事業成功是一種偉大。

慢慢的，你會明白那是一種病態的噁心。

但為了不被人們說你是吃不到葡萄才說葡萄酸。

你必須勇猛的超越這些病患，才能激勵尚未得病的正常人。

＊＊＊＊＊＊＊＊＊＊＊＊＊＊＊＊＊＊＊＊＊＊＊＊＊＊＊＊＊＊＊＊

身段，是一種柔軟的功夫，

而不是矯情的表演。

架子，是身分地位的催眠，

更是迷失方向的症狀。

沒有身段，真情才能不斷。

不擺架子，才有貼心的夥伴。

別用世俗的成就淹沒了自己，

裝模作樣，都是假象。

＊＊＊＊＊＊＊＊＊＊＊＊＊＊＊＊＊＊＊＊＊＊＊＊＊＊＊＊＊＊＊＊

生命就像下棋，

黑色白色並不重要，

每一個遇見總要有所應對。

看似絕境，卻有翻轉的迂迴。

仿如氣旺，也會瞬間崩盤。

當你抱怨誰把你當棋子，

那是你忘了【誰不是誰的棋子？】

也必須想想【誰又是誰的棋子？】

♞ 別問 還有機會嗎

如果我是你，
遇不到機會就等，
等不到就找，
找不到就創造。
沒有，是另一種有。
被動才有很可惜，
主動就是很珍惜。
死了都在呼吸，
還有什麼事能難倒你？

* * *

每個人都有暫時過不去的檻。
物質的門檻，用腳跨越。
心頭上的檻，要用邏輯。
夢想與幻想的差距，
只在你是否迷亂了自己。

* * *

投機、套路、模式，都是騙局。
不要複製那必然短路的迴圈系統。
起飛前，也得腳踏實地。
口沫橫飛的成功技藝，
盡是自欺欺人的唾液。
說不清楚，講不明白，

矇了別人，也會毀了自己。

老祖宗的智慧，從來沒有不明不白的道理。

功夫可以水上飛，說話做事可別空中漂。

你自己願意被騙，誰能救你？

♞ 別說不重要

世間的一切都是重要的，這是當你剛好需要的時候。而在你已不在乎不需要時，一切都不重要了。

你如果為著目標而前進，那麼你就有活著的方向。如果為著仇恨而生存，那麼當仇恨解決了，你的重心也就消失了。

能放下的，通常都提著。什麼都沒有，那該放下什麼？

連放下這兩個字都沒了，才是真正的放下。連不執著這三個字都不擺在心頭，才叫不執著。

你的重要不代表別人的重要，你的不重要更不是誰的不重要。每個人有每個人的功課，重要著他自己的重要。你不重視，不代表對方不需要。當你理解了這一段，你就真的明白什麼是尊重了。

為何溝通必須先觀察爾後聆聽，因為溝通就是一個完整的【望聞問切】。如果你只是顧著自己的表達，完全漠視對方的狀態，那麼溝通根本上就不存在，而是霸凌。

找到對方的問題，才能發現他的需要，幫助他的渴望，自然能夠完成你的想要。

不論是在戰還是愛，重要著別人的重要，方能對症下藥。

144

2 別說你在修行

修行，修心，修身，是眾人們口中的字眼。卻從來不是真正實踐的真相。在宗教的專有名詞中，繼續蒼茫著另一種蒼茫。

你常會聽說，應該修。但修是什麼？念經拜拜，道服法衣嗎？

你追求著儀式感，裝模作樣，各種稱謂，各種另類的高大上。但你空有儀式，沒有意識，這樣的行為與心念能有什麼真正的意思？

教人放下，但你放下了什麼？

教人別執著，但你知道執著是什麼？

空談著光，空談著愛，空談著境界，空談著信心，那都是錯誤的方向。

精進當然正確，但你持續了多久？

管著他人瓦上霜，自己門前千堆雪。

修行，就是從心靈開始展現於行為的細膩修正，表裡合一，言行一致的心念與行為。所有法都是工具，都是前人傳承於後輩的智慧。不是要你跟著複誦，而是要你依法遵循照做。

專注於物慾，必然沉淪，因為那是物質重力的自然。專注於智慧的增長，必然提升，那是靈性昇華的自然。

修行，不是要給誰看，不是要證明什麼。而是好自為之的真實方向。如人飲水，冷暖自知。不見他人眼，不聞他人言，只明自己心，只轉自己性。

以戒為師，才是修心。

以愛為法，才是修行。

你戒了什麼，心就少了什麼束縛。

你愛了什麼，行就多了什麼力量。

別問你是誰，因為沒誰有興趣。

別說你在修行，八風吹不動，一屁打過江。

♞ 坎坷

野心，是念頭，但必須有足夠的能力來支撐你。否則就會如同夢想只是空想。

能力，不是唯我獨尊的非你不可。而是要懂得順勢凝聚那一切不是你，卻能讓你駕馭的你。

駕馭，不是靠霸氣，而是付出，感染，衍生的影響力。

在那坎坷中學習，如同坎卦的外陰內陽，外柔內剛，不在乎表淺的委屈摧殘，方有內在的壯大。

在那離群中鍛鍊，如同離卦的外陽內陰，外強內弱，越是聲勢浩大，越要內斂虛懷，才有谷底神功練就的反擊。

坎為水，離為火，水火雖不容，卻起始於天地，衍生萬物四隅。向大自然敬禮，八方雲集，風生水起。

富有，不是物質充裕，內在空虛，那麼必然坎坷。

強大，不該貢高我慢，眾叛親離，那麼實然脆弱。

什麼都有，其實很容易瞬間空無。

你要練習，什麼都沒，天地不棄。

生命裡總有很多深刻的事，不論好壞的烙印在心裏，仿如昨日。這些事通常不是快樂的，而是痛苦的，特別的。

有人把它變成仇恨，有人將它變成創傷，而我把這一切都當成了歷練與成長，絲毫不敢浪費。

凡所有遇見，並非都是最好的安排。我們無需如此安慰催眠自己，但我們絕對不能白走這一遭，於是最好的態度就是在每一個發生中學習。

志業

我只有志業，沒有事業。

因此我不廣告，也不行銷。

我的文字，不是宣傳，而是感染。

我的書籍，不為獲利，只為扭轉你正確的思考。

我的課程，不想引爆，只是讓有緣人知道。

我的工廠，不需富饒，卻得堅持天地賦予的使命，讓有福報有智慧的人遇到。

我是誰，不重要。

重要的是因為遇見，你會更好。

我寫的每一篇文，

再短，再長，我都署名。

你一定會看到【文／許宏】。

不是捍衛著作財產權，

而是對自己的言論負責。

你可以學習，

不要只是抄襲。

你說天下文章一大抄。

那請抄在你的腦子裡，

經過你的思維邏輯消化後，

才能變成你的東西。

♞ SOP

　　SOP 常聽說，但你可能不知道是什麼。簡單來說就是【Standard Operating Procedures】這三個字的縮寫，標準作業程序。這是為了方便管理，方便傳承，避免脫序，減少錯誤的基礎模式。

　　建構 SOP，訓練出來的是正規部隊，卻不是出奇致勝的奇兵。

　　並且 SOP 要因應人事時地物的變化適度調整，否則反而是作繭自縛的困窘。

　　災難沒有 SOP，

　　幸福何來定義？

　　過得去，就是亮麗。

所以 SOP 能幫你，

也會阻礙你。

♞ S350

2014 年因為社團朋友的推薦，我用 50 萬買了 2001 年的賓士 S350，霸氣十足的車款，雖然已是老車，但就是喜歡。

但接下來的 5 年，我平均一年花 15 萬保養維修換零件，除了引擎，車殼，座椅，能換的陸續全換了。因為所謂的環保材質，不需要理由，時間到了，就是要你花錢換了。

加上每年將近 3 萬的牌照稅，還沒算 3 到 4 倍的加油費，5 年我已為這臺賓士花了近百萬。支撐我繼續駕馭的原因，就是我以為我該換的都換了。誰知竟然常常漏電，導致一夜醒來無法啟動。這種情形車廠一修再修，卻從來沒有真正改善，在高速公路上 5 年叫了 5 次拖車，甚至應該說還冒著生命危險，每一次都聽著車廠的師傅們說著我永遠不會理解的原因與理由，然後繼續堅持我的愛。

2019 年 4 月我又花了 5 萬，給了車子再一次的希望，卻在路邊冒煙，直接掛點。這一次我卜了個卦，問著如果我繼續開這部車會如何？答案是驚人的艮卦，徹底的艮卦。是的，如山阻前，困難重重。

我終於痛下決心換車，原本我想賣給中古車行，但根本沒有什麼價錢。於是想自賣給有緣的朋友，但最後我決定用舊換新的模

式結束與這部項羽烏騅般的愛駒之五年情感。為什麼？因為我不想因為再一場買賣，又少了一個朋友。

5 年 150 萬買了一個虛榮，附贈了一個 1800 天的人生啟發。

這樣的錢已足足可以購買兩部 Toyota 全新的 Yaris、Artis。別問我後不後悔。生命是不斷的遇見選擇，既然決策了，後不後悔都沒有任何意義。沒有賺到，就要學到。

♞ 角度 1

俗話說：錢怎麼來就怎麼去。

這是消極的講法。

反過來說也對，

錢怎麼去就會怎麼來。

那就積極了。

＊＊＊＊＊＊＊＊＊＊＊＊＊＊＊＊＊＊＊＊＊＊＊＊＊＊＊＊＊＊＊＊＊＊＊＊＊

胃飽足了，腦子就鬆弛了。

口袋滿了，心就空了。

力量強了，智就弱了。

不要只是專注於你的多，

而是要同步呵護你的少。

自我感覺良好了，下一步就毀了。

＊＊＊＊＊＊＊＊＊＊＊＊＊＊＊＊＊＊＊＊＊＊＊＊＊＊＊＊＊＊＊＊＊＊＊＊＊

人生總有岔路。

過去，是回不去的路。

未來，是現在選擇的路。

每一個岔路，都是分水嶺，

沒有最好，只有剛好。

沒有能不能，只有要不要。

什麼風景，走下去，才知道。

孝，是子女的心意。

順，是父母的期盼。

孝順同步，不是努力就能達成的願望。

孝是人性的自然，順是不容易的奢求。孝不可能有錯，順卻不一定是對。必須判斷是否真是良善的方向，免得陷父母於不義。

有都沒有過，真的很空。

擁有才消失，空而不空。

理解的空是超然的真空。

不理解的是強迫的放空。

空與不空，需要學習。

真與不真，必須體悟。

吵架，要贏，說的話就要少。

氣勢要先架高，一吋長，一吋強。

否則別吵。

時間，不是不停止，

而是不曾存在過。

空間，卻因為時間的參與，

而有了歷史，虛擬了未來。

身要動，方樂活。

心要靜，才有智慧遼闊。

靈要清，不被因果枷鎖。

人在，心不在，是謂魂不守舍。

身未至，心已到，即為專注目標的力道。

靈，是能量的聚集。

不會永遠與身體在一起。

而是心在哪裡，靈就在哪裡。

在動物的世界裡，沒有所謂的金錢。

對於天下所有的一切只有使用權，沒有所謂的資產。

因為所有的物質歸屬的只是大自然。

能用擁有的就是【能力】。沒有什麼真的屬於你。

人們用著人類的思維，框架了世界，捆綁了自己，

忘了智慧的累積。

♞ 角度 2

驚嚇，多在安逸時。

驚喜，總在不放棄。

驚豔，必有醜陋的痕跡。

不怕驚世駭俗，

肯定驚天動地。

＊＊＊

無私奉獻，是現代人的謬讚。

看到別人的奉獻與幫助，你要做的就是感恩與讚嘆，

不必管他有沒有私欲。

大愛是最自私的，因為愛的就是大我。私之極限方為無私。

＊＊＊

如果你做的一切都不是為了自己，那麼何來的【不好意思】？

＊＊＊

享受痛苦，品味煎熬，

你才有能力體悟快樂，覺知幸福。

＊＊＊

時間之所以能沖淡一切，

並非時間的本能。

而是時間越長，就有越多的遇見，

自然稀釋了你當時耿耿於懷的在乎。

除非你刻意每天複習，那麼不只不會淡化，並且濃烈。

善用濃淡之原理，時間就是成就與療癒你的工具，而非毀滅。

♞ 角度 3

講師，是一門功夫，是一種功能，不是一個稱謂。

講師不是講到聽眾臉頰都被你的口水噴濕了。

而是不知不覺的讓人眼角因為來自你的感動也濕了，

讓人害怕失去你這個老師。

講師，是知識與精神的傳遞者，是靈魂間沒有距離的運河。

* *

當我找你，你拒絕我，合理，

因為我們沒有真正同樣的頻率。

當你找我，我幫助你，隨喜，

因為我不辜負天地安排的相遇。

* *

如果我有榮耀，我必全然歸於父母。

如果父母有錯，我當全數收為己有。

不知我能之極限，不忘生命之源頭。

* *

學習成績當然是個基本指標，卻又有時成為了迷失的毒藥。

學習的本質是為了能力與智慧，而不是高分的機器。

你如果沒有內容，很難有貼切的表達。

你如果已經不空洞，你更應該熟練你的表達。

而表達力的通透，不在雙唇的開合，

而是言與聽者雙向的溝通，有來有往的穿透力與影響力。

2 角度 4

冰兵同音同質。

冰層之下，必是溫暖的生命力。

兵戎之後，必是嗷嗷待哺的血肉之軀。

見兵如遇冰，以柔熱融，勝過破軍。

* *

一將功成，萬骨枯。

是故兵不濫用。

君同軍，昏君必昏軍。

將乃可期之未來，乃君之欲也。

君之欲若為民之所欲，乃明君。

君明則將明，將明則軍明，

軍明則敵不敢侵，

將不必戰已是功，

骨不必枯已百業興。

* *

兵之方向，於將之口。

兵之生死，在己之手。

兵若冰，可堅強，可融化。

兵若無奈之棋，不知為何而戰。

進死，退死，逃亦死。

兵心同將心，將心同君心，

三心一體，共沸騰，無不勝。

♞ 角度 5

判斷一個人的優劣，
你可能憑藉著成敗與富貴聲望，
但我只看待一陰一陽。
陰乃【誠信】，陽乃【態度】。
以此陰陽判斷一切。

＊＊＊＊＊＊＊＊＊＊＊＊＊＊＊＊＊＊＊＊＊＊＊＊＊＊＊＊＊＊＊＊＊＊＊＊＊＊

慘的時候，沉靜，你會發現機會。
旺的時刻，淡定，你會看到危險。
平常心，不是境界，是面對一切的態度，
更是要持續鍛鍊的功夫。

＊＊＊＊＊＊＊＊＊＊＊＊＊＊＊＊＊＊＊＊＊＊＊＊＊＊＊＊＊＊＊＊＊＊＊＊＊＊

叛逆，不一定是壞事，只是看你用在什麼方向。
叛逆，只是不願墨守成規，不願食古不化，
而逆向打造那全新的創意展現。
叛逆，不是毀滅，不是任性，不是無腦的拒絕放棄與墮落。
叛逆，善用即是天才，濫用就是廢物。

＊＊＊＊＊＊＊＊＊＊＊＊＊＊＊＊＊＊＊＊＊＊＊＊＊＊＊＊＊＊＊＊＊＊＊＊＊＊

為了生計存亡競爭奮戰，
叫外患。
為了突發的事情而煩擾，
叫內憂。
還得面對各種夥伴的情緒，

就叫內憂外患。

能夠習以為常的承擔，

就是領導智慧的綻放。

角度 6

諸子百家各顯神通，

無可廢之語，無應阻之文。

思想乃天地鏈結之頻率，

吾人共振，自成一言，邏輯互通，

乃先賢之慈悲，後輩之積累，蒼生之福祉。

燃則廢，斷則毀。

獨尊一術，非智慧。

. . . .

莫為無病呻吟之詩人，

勿當行軀走肉之屍人。

崇文興教化，

廢武必痴愚。

文為陰，武為陽。

文武雙全，陰陽平衡。

. . . .

軍人、警察、法官，這些工作都很神聖，都必須有強烈的責任，否則使不上力，供需無法平衡。由政府給與無後顧之憂的保障，是基本態度。但這類的工作都不該是職業，而是志業。

醫師，左右著健康與生死，如果全世界都能形成一個共識，比照上述軍警法辦理，並且嚴格宣誓其神聖的責任義務。毫無利益的漏洞可鑽。那麼就不會再有習醫致富的起心動念，也不會再衍生醫療系統的各種亂象。

制度可以杜絕貪婪，智慧才能拯救蒼生。

＊＊

當你病了，你要找真正的醫生。

但你掛的號，求的診，常常都是庸醫、密醫，甚至是詐騙之醫，最慘的是你自己什麼都不懂卻給自己開處方簽。

生理如此，心理如此，靈魂，智慧更是如此。

醫者，如父母，醫時必忘我。

否則都不是好醫生。

醫生是志業，不該是職業。

♘ 角度 7

你是否發現⋯⋯

當你闡述你的優勢，並沒有得來真誠的讚許。

當你表現得謙卑，卻讓人覺得矯情。

當你想要示威，並沒有讓人產生敬畏。

當你希望同情，卻讓人反感討厭。

永遠在自我感覺良好與抱怨的輪迴中攪和。

為什麼？

因為你錯誤解答了表達力的真諦。

⋯⋯⋯⋯⋯⋯⋯⋯⋯⋯⋯⋯⋯⋯⋯⋯⋯⋯⋯⋯⋯⋯⋯⋯⋯⋯⋯

數學，不是只有數字表面皮毛的科學算計，

還有數字靈魂本身的哲理，每一個所謂的公式，

都有超乎你想像的真諦。

別說你是發明家，其實你只是穿透表象的發現者。

理解後的任何一個排列組合，都有為世界帶來驚喜的機率。

⋯⋯⋯⋯⋯⋯⋯⋯⋯⋯⋯⋯⋯⋯⋯⋯⋯⋯⋯⋯⋯⋯⋯⋯⋯⋯⋯

8 歲可以練就 80 歲的思維，

80 歲可以回溯 8 歲的赤子之心。

歲月沒有阻礙，年齡就不是障礙。

不要懷疑孩子的能力，

更不要虛度光陰的累積。

⋯⋯⋯⋯⋯⋯⋯⋯⋯⋯⋯⋯⋯⋯⋯⋯⋯⋯⋯⋯⋯⋯⋯⋯⋯⋯⋯

如果你必須有所謂的很幸福，你才快樂，那麼你很難幸福。

如果你不幸福，你卻能創造快樂，那麼你已是幸福。

* *

父母常常以協助孩子完成夢想為樂，

看見孩子自己完成夢想為榮。

但孩子有沒有觀察父母的夢想？

默默為他們完成？

草莓是忘了可以勇敢，

啃老是選擇自甘墮落。

當我們長大了，爸媽已經老了。

沒有反哺已是罪過，豈能讓長者再為我們憂愁。

自己選的路，自己劈荊斬棘，

回首歸途，才能不害羞。

* *

名師不一定是明師，

名牌不一定是明牌。

名不一定真，

明確一定實。

批，就是用手比劃。

評，就是用言語平衡自己的內心。

批評是弱者的症狀，

強者不為，亦不必理會。

忍辱非偷生，乃重生。

角度 8

命名，是給與希望，賦予方向，灌注啟動的力量。

已經被完成的姓名，

能夠醞釀多少能量，

能夠有多璀璨的綻放，

都只決定在使用者的身上。

名字如同父母給與的肉體，

咱們有義務回饋真正的意義與價值，不辱所生。

逢破財之局，即順勢破之。

少輸為贏，花錢消災，已是智取。

劃定停損，專注開源，即是節流。

使其過，方得順，莫陷泥沼而難出。

遇見煩擾之事，只能面對，更應冷靜。嘆息抱怨毫無意義，並且反而會招來類似的事件，謂之同頻共振，禍不單行。沉澱心境，盤點狀態，尋覓因應措施，自然能夠渡過這個雜亂的窘境，轉變為新的契機。

言武門兵法九字訣，觀史盤覓習整變轉逆，同樣派上了用場。

工出頭，厚土。

工逆而起，將士。

土為耕耘之基，

士乃翻騰之器。

工，專注也。土釀地，士承天。

工之所向，天地所望。

2 角度 9

教育訓練本身就是一本功夫，

任何一門學問，展現是一回事，傳承卻是另一回事。

教不會，錯不在學生，而是老師。

這就是為什麼大學教授的教育能力，通常是所有學校階段最不會教的，包含小學、國中、高中。研究所的老師更不用講，因為重點已經只是引導，甚至只有給予方向，共享成果。

過去大家都說，華人的傳承喜歡留一手，怕被欺師滅祖。這種情況或許是有。但主要的斷層是因為，老師的表達力與學生的領悟力同時不足。說穿了，就是剛好邏輯都太弱，拉不到同一個頻率上。於是有些細節就陸續遺失了，一代丟了一點，然後就會越丟越多。到最後就支離破碎，不知原樣了。

♞ 角度 10

膩了，是物極必反的自然。
所以變化才是市場。
懷念，是一種變化後的比較。
最後勝出的就是習慣。

生命中，總有令你傻眼的事，
沒遇見，當然是幸運，
遇見了，卻也才能變聰明。
路途上，總有笑不出來的時候，
該哭就哭，該怒就怒，
穿越了，還是得微笑的繼續走下去。

小孩子做大人的事，叫成熟。
大人做小孩子的事，叫幼稚。
但別把越矩當天真，莫把無腦稱赤子。

只有儀式需要綵排，
只有表演拍攝可談 NG，
真實的生活沒得重來。
要嘛打要害，
招招皆倒地，
否則別出擊。

滴水穿石也得在重點，

偏偏你都在無關痛癢的位置耗盡全力，然後才在嘆息。

不虛心受教，別問問題。

♞ 角度 11

周瑜享年 36。

精通兵法，歷史典籍，然而書房卻無書。

非不愛書，讀一冊，燒一冊，免得占空間。

讀書，讀到腦子裡，那是暫時的記憶。

讀到心裡，那就是永恆的根基。

經驗，寫在心裡，只有自己玩味。

寫在書裡，生命就算是結束，靈魂也在字句裡呼吸。

* *

當科技往太空邁進，越走越遠，越飛越快，

已經到了難以想像的層級。

學習的方向，就必須往歷史回溯，

越學越古，越老越值，因為那才是根基。

* *

【翻桌】靠人氣，

【翻身】靠學習。

人氣，學習，

兩者兼具，【翻盤】也容易。

害怕不值得，

遇不見值得。

有所失，方有所得。

失去，有主客之分。

主動者，為付出。

被動者，為失落。

失落之被動，若能淡然，

即能反客為主。

主動之失，得可預期。

角度 12

心多大，天下就多大。

此心非野心，乃二心。

一為軍心，二為民心。

軍心動地，民心動天。

故曰：

軍心轉天下之方圓，

民心定天下之繁華。

心之所駐，天地共處。

富，不是你得到很多，而是你付出不少。

乞丐，不是你很貧窮，而是忘了盤點自己的能力。

生命中，你所渴望的，都是缺乏的。

然而擁有了，卻才發現，都是多餘的。

心無罣礙，乃心經之四字爾。

心無罣礙，覺者之境，難矣。

讀經如讀心，

心恐懼，欲貪求，妄因果，媚福德，即是散亂，

不曾經心，何讀心經。

時尚是時代潮流裡的高尚，

不應空洞，不應浮濫，更不應是矯情造作的突兀。

而是擁有智慧思想品味的一種典雅與風範。

藝術，豈能是無腦的瘋狂，

而是穿越感官知覺的通透，靈性綻放的態度。

♞ 角度 13

人們看書，總是背誦著術語。

人們信仰，總是傳播著專有名詞。

除了術語，專有名詞，還有什麼？

沒了，那就別念了。沒了，你信的是什麼？

經上所說，都是方向，不是結論。

經文所譯，都有迷惘，不是真諦。

咱們連文言文都能亂解釋，

繁體字都能看不懂，

外語的文字豈有真正透徹的原意？

宗者，門內所示。

教者，心上所傳。

世界不在屋裡，信仰不在言語，

切莫見文不識字，聞法不辨真偽。

不能探究的，都是謊言。

不能實踐的，必是迷信。

別把思想上的霸凌當真諦，

方能不愧諸子百家之延續。

....

你說人們總是換了位子換了腦袋，

我說你從來不換位子也沒了腦袋。

其實腦袋是心的孩子，

心卻是腦袋的前世。

想要見到未來，問問你的腦袋。

想要明白過去，看看你的心。

心腦同在，就是所謂的體悟當下。

* *

別喊著當下，卻愚蠢的每況愈下。

別喊著放下，卻不斷的讓智能低下。

別問我是誰，

你想當誰，你就是誰。

* *

你說世上有兩種東西不能直視，

一個是太陽，直視傷眼。

一個是人心，直視傷心。

我說你錯了，

太陽，幫你看到萬物。

人心，讓你認清自己。

看太陽，要挑時辰，換角度。

看人心，如同照鏡，是修行。

角度 14

當你發現自己好像少了點甚麼，

不必急著補上。

觀，內外皆觀，確認自己少了什麼。

史，從自己的歷史看看這個少，造成的影響。

盤，全面盤點自己的狀態與資源。

覓，精準尋覓可以填補的方向。

習，找到真正可以學習跟隨的老師，不斷練習。

整，整合一個全新的自己。

變，蛻變自己不曾擁有的能力。

轉，不斷微調。

逆，逆轉勝。

觀史盤覓習整變轉逆，不是抽象的咒語，

而是萬事萬物成就的九部曲。

••

富甲一方，那是當下的好過活，大多數人定調成功的思索。

但回顧歷史，人們讚嘆歌詠的卻從來不是富有。

好過的人，並不一定快活。

隨時問問自己，你要的是什麼，死後難回頭。

••

清楚說著你想的，

踏實做著你說的，

真誠回想你做的，

你已自成一宇宙，

循環著自己設定的因果。

* *

勇敢面對與刻意挑釁，

是完全不一樣的層級。

一個是不怕事，一個是沒事找事。

一個是真情流露，一個是匪夷所思。

♞角度 15

你說的，從沒真的做過。

我做的，卻不曾間斷過。

我們不一樣，只有這一點。

* *

講好話，把話講好。

做好事，把事做好。

不同層次，一樣重要。

* *

我們常聽到鼓勵的字眼是【辛苦了】，其實這句從頭到尾都是負能量。可以改成【你做得很好，我以你為榮】、【你真的好棒棒，咱們繼續努力】。

不一樣的用字，一切的感受也都會不同。

自信，是西方傳來的思維。所以突然讓很多人覺得自己缺乏自信，覺得必須壯大自己的信心。

然而卻太過引爆，就成為了無腦的不自覺，講著人定勝天的傻話。這就是催眠過頭的自我迷失。

沒有自覺就沒有自強的方向，

沒有自律就沒有自覺的可能。

當你自覺了，行動了，有成果了，自信自然而然的就誕生了。

自信會有爆發力，不能沒有，也不能太過，剛好就好。

大人總愛說：小孩子有耳無嘴。

卻忘了打開自己的耳，掌控自己的嘴。

於是孩子的問題沒有了解答，創意沒有了抒發。大人卻增添了紛爭，阻斷了學習。

沉默是金，只在有時候是對的，大部分的時刻都是教你閉嘴的搪塞。於是歪理鋪天蓋地，真理乏人問津，因為早已被誤導為沉默是金。正確的真知灼見總要有人勇敢闡述，才不會總是被胡扯瞎扯的謬論給淹沒。

那沉默究竟何時是金？

表達力太差時，沉默當然是金。

而真正的經典卻是【表達力綻放時的恰當留白】。

....

真正會說話的人必然善於煽情，

卻不一定有真心。

有真性情的，不一定會表達。

不練習，對誰都是可惜。

說話的目的絕對不是發洩，

而是把你腦子裡的思維透過口耳傳達，進入對方的心裡。

然而，你做到了嗎？

....

當眾人唾棄你時，我依舊信任你。

不是要你感恩，而是要你珍惜。

如果連這樣的機會，你都自我毀滅。

如果在我這裡，你都可以信用破產。

那麼不必再催眠自己，

你已很難可以再有清新呼吸的空氣。

....

有了能力，不一定有正義。

想要有正義，卻一定要有能力。

正義很容易被懦弱消滅，

伸張正義，先壯大自己。

....

一個老師是否值得跟隨，

除了一般世俗的判斷模式以外。

更重要的是另外兩件事，

生活的態度與是否持續在精進學習。

別在戰時假慈悲，

莫在窮時談清高。

有些事贏了再說，

很多話有了再談。

機會來了，你卻說再想想。

關鍵時刻，你卻說再看看。

那就再也沒了。

♟ 角度 16

將那古往今來的歷史金句，徹底拆解，重新組裝。

不是要你顛倒是非，指鹿為馬。

不是要你不求甚解，張冠李戴。

而是要你超越墨守成規的反芻細嚼，才有不愧前人的當下意義
與再生價值。

誰說了什麼，已不重要。

而是此刻的你，能怎麼說，該怎麼說。

練那翻雲覆雨的怎麼說都對，熬煮那天南地北的怎麼吃都香。

你說的話，已慢慢的有了滋味。

****

蜻蜓點水只是玩耍，

千錘百練才有功夫。

挑戰自己才會發現問題，

解決問題才會看到機會。

♞角度 17

老子論無極，孔子定太極。

無極之外無極也，太極之內也太極。

無極為未平衡之自然，

太極乃陰陽消長之自然。

自然中之自然，

恆常變動，變動恆常。

****

有很多理論的源頭與歷史，

在時間的排序上自相矛盾，

內容的精闢卻無懈可擊。

不是不重要，而是在已經不可考的狀態中，

只需知道如何運用，無需本末倒置自尋困擾。
在乎的若是結果，那就別計較過程。
在乎的若是過程，那就別期待結果。

* *

奇為陽，偶為陰。
13579 動腦，
2468 動心，
心腦同步，陰陽接續，方見階梯。

* *

給你機會，你看不懂，你卻死命的用藉口錯過了自己。
那些圈套，都是險境，你卻以為都是難得的福報，
興奮的往下跳。

* *

你追求的境界，經常只是假象。
當你存在於真相，你不會再在乎什麼境界。
你為了討好別人的眼光，卻讓自己瞎了。
你為了理解別人的想法，卻讓自己無腦。
可以罵罵自己笨蛋，可以明白自己無能，
可以忘了所謂的自己，才能穿越盲目茫然的臨界。

* *

還沒學習的功夫，別說不重要。
尚未深入的層次，別說沒什麼。
什麼都說不重要，那麼你就重要不了。
凡事都說沒什麼，那麼你就很難有什麼。

是數字文字語言建構的智慧大門，

共振諸子百家精神之靈魂。

以文化歷史軌跡堆砌的能量，

穿越過去現在未來的時空屏障，

傳承愛與幫助的真實意義。

假的態度，不會有真的人生。

做給人看，從來不是修行。

不問興衰，不覺榮辱，只有方向，保持中道，才有自在。

真心的能量，客觀的角度，謂態度。

修正錯誤，扭轉行為，乃修行。

自我檢視，覺知存在，方自在。

不要濫用文字語言，迷亂了眾生與自己。

♞ 角度 18

陽曆主體看太陽

陰曆主軸看月亮

地球上的生命

不能單看太陽

也得左右於月亮

月亮即太陰

陰陽調和萬物方能滋長

農事才有依循

農曆非陰曆而是陰陽曆

24 節氣看的是太陽

朔望潮汐探太陰

太陽是腦 太陰是心

心腦同步 日夜交替

天地運行 生生不息

* *

歷史，給的不一定是真相。

但必然可以學到人性，趨勢，天地自然的變化。

執政者與在野者寫的觀點一定不同，

不是要你選邊站，而是感受各種角度的思維，鏈結自己的邏輯。

* *

昨天是今天的老師，

明日是今日的傳人。

智慧就在每一天綿延不絕的心田。

PART 3

實戰篇

♞ 101

文／于麗娜

虎死留皮，人死留名。生不帶來，死不帶去，我知道什麼都帶不走。但如果這時候死了，我能留下什麼？

小時候生病，醫生跟媽媽說很難救活，但卻奇蹟似的沒死，這一次我沒什麼記憶。來臺灣了，醫生竟又宣告我正在癌症懸崖邊上站著。那一刻，我突然驚醒，如果我死了，孩子怎麼辦，爹娘怎麼辦，而我留下了什麼給他們？又為自己的這一生留下了什麼。

一命二運三風水四積陰德五讀書，
翻身靠學習，改運必讀書。

在那科舉時代，十年寒窗無人問，一舉成名天下知。

101 大樓，曾經不只是臺灣的最高樓，更是世界的 101。我在世貿館外望著 101，看著雲霧繚繞的巔峰，許下了一個願望，就是目標設定為創辦 101 所希望小學，讓窮困失學的孩子們都能看見生命的太陽，找到人生的希望。

在生命靈數的計算中，身分證上的生日，我正是 101 的一號人。我朝著企業教育家的路線前進著，因為企業模式的蓬勃才能壯大，教育系統的延伸才能生根。企業以教育為使命，教育以企業為方法，形成一種良善的文化循環。

我的夢很大，但從來不是說夢話。就像當年的馬雲，誰都笑他，傻傻的跟隨著如今水漲船高一起發。就像去年的韓國瑜，對手窮

追猛打，誰也不知道只有兩個月的**翻轉**，如今已經是**國際震撼**的神話。

我，于麗娜，能不能被看見，已經不是重點。重要的是眾和藝繡的行動，團隊裡的夥伴每個都感動，不是只有我一個人在癡人說夢。我一直秉承著美人魚的理念，執著善良，用愛拖起太陽，給與黑暗光明。堅持良知，永續經營。決心培養出最菁英 500 位勇猛精進的技術導師，濟貧扶弱，把愛與美的事業廣植於世界的每一個角落。

很多人說，沒有共識，很難共事。

但不曾共事，如何取得共識？

對的人，也會做錯的事。曾經做錯的人，也能改正做對的事。

因此，人無對錯，只有前進的方向不能錯。方向對了，能量具足了，成就則不遠了。

昨天，你不認識我，合理。

今天，我讓你認識你自己。

5 是改變，500 是百分百的蛻變。眾和藝繡這一部蛻變自己蛻變人生的戰鬥飛鐵，即將啟動。

在那翻轉命運的美業聖典，期待你我的共襄盛舉，共振你我心念，眾和你我行動，穿越蒼穹，深耕希望，成就人生無憾最美的一頁。

♟ 長白山

文／于麗娜

綿延千里長白山，縱向銜接吉林、遼寧、黑龍江東北三省，這是廣義的山巒浩瀚。狹義的長白山也不狹隘，形成了吉林與朝鮮的天然屏障。看那兩地民眾皆剛烈的果敢，源自長白正是暫處休眠的活火山。清朝時期，多次噴發。

長春之名來自薔薇的別名，有股美艷帶刺的嗆辣。白山市灣溝鎮，無人不知的灣溝煤礦，就是我的故鄉。

父親于仁發當年就是經營煤礦生意，但如其名，誰與他合作誰就發，唯獨他不發。媽媽開小賣舖，釀白酒，養車，養家活口。給了我一個閃亮柔媚的名字于麗娜，在那時確實圖文不符。

麗娜，比男孩子還像男子漢，不吵不鬧，直接打。傳說中的孟母三遷，不稀奇，那是為了孟子的學習。而我們家的于母三遷，都是為了我打架鬧事後的逃難，避免仇家追殺。

搬家越搬越往山裡去，卻也不見爸媽的武林大戲有所平息。滿地底的煤炭氣息，加上那環繞著的火山睥睨，我厭惡著這樣的氛圍。小學沒畢業，就中斷了學校的生涯，不想成為媽媽的負擔，於是離家出走自食其力闖蕩江山，成了我心中的唯一選擇。

甚至還帶著比我小一點的兩個女孩一起逃家，我很莊重的告訴她們：「既然妳們在家裡不幸福、不快樂，跟我一起生活，我去工作，我養妳們。」

這樣的母性風範，老大風格，說到做到的勇氣，在那才十五、六歲的身軀裡，展露無遺。

　　當然，革命不會一次就成功。媽媽也像偵探小說裡的高手，一次又一次的把我抓回去。而我越走越遠，往南方遷徙。落腳在廣州，一晃眼也就是十幾年的光景。

　　從餐飲、飯店、大酒店，從端盤子的服務員、前臺到領班。可以幸福，誰希望辛苦？可以舒服在家，誰願意漂流？但我看著媽媽的辛苦，我真的不願意浪費任何金錢在學校裡讀書。

　　若問我有沒有後悔，我想我不會。因為再來一次的選擇，我依舊會是如此的決定，除非我感受到的不再是那樣的家庭溫度。但也因為如此，我更加珍惜每一次可以學習的機會。因為只有學習才有翻身的可能。

　　當然，這只是我曲折離奇的開端，真正的東北虎猛然出閘還在後頭。

只設大方向，不定大目標。

從每一個小目標著手，

個個擊破，一一掌握，

方向對了，大目標就不遠了。

別把接地氣當口頭禪。

人沒了骨氣，看不懂天氣，

如何接地氣？

不敢想，就不敢說。

不敢做，就不會有你要的結果。

于之所欲皆在我心，

麗緻人生婀娜前行。

2 眾和藝繡

文／于麗娜

塑造完美的自己，

打造美麗的妳，

一切都是最好的安排。

有一天我穿著拖鞋，胡亂紮著頭髮，走在路上，口裡吃著東西。突然被一聲「麗娜老師！」給驚嚇到了。

從那天起，我開始了 21 天的女神蛻變。即使只是下樓倒垃圾，便利商店買個零食飲料，也要時刻保持最美最優雅的狀態。這是觀念的扭轉，也是習慣的養成。而從觀念的啟動到習慣的自然，那是 21 天不能停息中斷的穿越。

確實奇妙，我成就了此刻的狀態。但我不以此自豪，而是引領弟子班的學員們也如法炮製，希望打造一軍內外合一的講師團隊，如那蒲公英的種子隨風搖曳，落地生根。

眾天下之美，和天下之才。

眾和眾和，不是綜合，不是大雜燴，不是混亂的結合。而是在那集眾菁英之才的和諧之美。

生命本身就是獨一無二的藝術品，而生活更是大自然往前邁進的一種藝術。人類的社會本就應該是一個廣大無垠的藝術殿堂。只是人們讓這個殿堂充滿了霧霾，堆積了粉塵，在那藏汙納垢的歲月裡錯亂了自己。

眾和藝繡，就是要在這殿堂裡，重新洗滌，重整規矩，重建脈

絡，重繡那迷失於洪流裡的自信。

聚焦，是我們的堅持。紋繡，是我們唯一的主軸。沒有最好，只有更好。

聚焦，方得專注。

專注，才有力度。

我們從公益出發，多場的百人大課都是讓心動的夥伴們有著接觸紋繡的機會。否則連吃飯都成問題的朋友，豈有辦法瞬間擠出昂貴的學費。因為幫助，所以願意。然而，眾和藝繡這樣的創舉，卻也被迅速複製成一種行銷手法。假公益之名，尋暴利之實。

當然，人性的貪婪令人失望，卻也是此起彼落的現象。我淡然處之，繼續勇敢延伸那雞鳴狗盜之輩不敢仿效的模式。因為殺頭的生意有人幹，賠錢的事業無人做。但即使賠錢，吾往矣。因為那一股幫助的熱情，本來就不是口號，而是真實的我願意。

能忽略自己感受的，

才能真正顧及他人的感受。

可圓他人之夢者，

方能成就心中所想。

當無我轉換為習慣，

大我已漸漸形成。

當自己活在大我裡，

就不再會為小事所煩擾。

眾和藝繡，是我的事業，更是我的志業。而我就是這個大家庭的永久義工。哪裡需要我，我就去哪裡。誠盼在生命最脆弱的角落，都能有著眾和藝繡的溫度。

讓世界不再有醜陋，

人間出處繡溫情，

眾人之心皆凝聚，天下和樂。

♞ 華麗轉身

文／于麗娜

人們總說：「那不是我的菜。」

但你不把自己的盤子準備好，能擺什麼菜？誰該是盤？誰又該是誰的菜？在那癡心妄想時，你已被大快朵頤，只剩廚餘。

欲速則不達，那是基礎尚未穩固的時候。當能量已具足，奪標靠的就是【速度】與【精準度】。兵貴神速。

徐志摩說：「數大便是美。」

數大了，似乎按照著一種自然律，自然的會有一種特別的排列，一種特別的節奏，一種特殊的式樣，激動我們審美的本能，激發我們審美的情緒。

這一段文字，不長，卻影響我深遠。因為我並不眷戀那一枝獨秀的亮眼，而是渴望一群人共同喜悅，共同成就，共同分享幸福的那一種感覺。

孤軍奮戰，不但寂寞，更容易被淹沒，即使戰勝了一切，依舊落寞。所以我不改其志，仍舊本著天生領導的風格，建立起了自己的團隊，繼續馳騁於荒野。眾和藝繡，就這樣在萬家齊鳴的紋繡市場中誕生了。

誰都有需要被幫助的時候，這是身歷其境的感同身受。於是我希望建構一個共享的平臺，提供需要幫助的有緣人，共享資源，共享收穫，共享經濟。

眾天下人美，和天下人才。

藝術殿堂之路，繡出精彩人生。

全方位重生的蛻變，眾和藝繡。

於是，您不難發現，我們不一樣。不一樣的不是吹噓的科技，不是神話般的謊言，不是說得天花亂墜的獨家技術。在我看來，人的五官都差不多，不一樣的是靈性。技術的規矩大同小異，不一樣的是態度。

我們不一樣，是真的把你當成另一個自己，希望成就你，就是成就我們彼此。我們不一樣，不是要你的感激，而是在那華麗轉身的同時，身旁有你。

塑造完美的自己，打造美麗的你，一切都是最好的安排。數大便是美，讓我們一起建構萬里長城般的壯麗。一起扭轉生命的奇蹟，一起回眸，聚焦彼此的目標，傳遞幸福的頻率。

♞ 2 蛻變

文／于麗娜

蛻變，不是只發生在蝴蝶。很多的昆蟲都有這個過程，甚至在哺乳類動物的成長中，從無能轉為強悍，從醜陋伸展了亮麗，都是蛻變。然而，蛻變的過程從來就不是輕鬆的事。

任性是我的特質，當然所有的路都是自己的選擇。即使踏錯了步伐，當然怨不得任何人，卻也因此壓抑而衍生了憂鬱。每天哭，想自殺。還記得在馬階醫院的家醫科，我抓著醫生的手，哭了一小時，根本無暇顧及後面還有多少掛號的人。

蛻變的第一步如果是夢醒，那我寧可不要羽翼，永遠不要醒來。

在那徹底茫然的十字路口，有一種被放生的感覺。這一刻，我才發現原來放生不一定是慈悲，而是另一種愚蠢的殘酷與自卑。

視髮如命的我，冷酷的剪了三十多年來蓄積的飄逸，因為我不清楚如何整理自己的情緒，這一剪已經是最靜心的覺知了。

那瞬間，我回憶著來時路，嘲笑著自己。但那不是頓入空門，而是告別過去。

酒，不是放鬆，而是放縱。酒不一定讓人醉，而是朦朧中的另一種清醒。

所有慘不忍睹的細節，所有撕肝裂肺的過程，我不是忽略，只是不再刻畫在那已被灑過鹽的傷口。我不能在這樣的狼狽中被瞧見，那豈能對得起當年夥伴跟隨。我告訴自己，就算必須回頭，也得華麗轉身。

擦乾了眼淚，整理了自己，正式進入重生模式的學習，選擇了

舞蹈與紋繡雙管齊下。在舞蹈的世界裡，那是肢體與靈魂的撞擊，召回女性柔美的舉手投足，不再是錯置性別的霸氣。

在紋繡工藝的殿堂中，從無到有，從陌生到熟悉，從笨拙到靈活。不到一年的時間，我超越了我第一個老師。這樣的速度，堪稱奇蹟。其實我並不覺得神奇，因為我抱著戰狼般的決心，在那生死存亡的時刻，哪怕是萬分之一閃神，都將魂斷叢林裡。

不一樣的心態，不一樣的結局。

學成之後，我需要舞臺，我需要練習，我需要各種彼此給與的機會。重賞之下必有勇夫，否則誰願意幫你。所以一開始所有紋繡收入的 70—80% 我都當成了推薦獎勵。於是口碑相傳之後，陸續且迅速的壯大了自己。也同時在此刻，我有了越來越多的貼身學員。

心量，左右著合作者的數量，
醞釀著決策時的能量，
引爆著決戰時的力量。

這一刻，我突然感激了起來，感激這一段的磨難，簡直就是部隊裡的魔鬼訓練，並且荷槍實彈，近身肉搏，而非空包虛擬的遊戲。

蛻變，是煎熬的。破繭而出，也不是輕鬆的。由內而外的奮力掙脫，才能給與那翅膀力量的渾厚。

♘ 女子有才方有得

文／李佳穎

在網路上看著嚴凱泰女兒寫給她爸爸的信《我沒有再哭了，但我想你了》，難忍鼻酸。

外婆，我也想您了。想著你，想著我這輩子遇見最貼心的女人，那一雙最溫暖的手，那一份最溫柔的守候。爸爸在海上飄蕩，三個女兒在陸地上茁壯，一年見一次面。媽媽只能像嚴父，外婆超級像慈母，這份愛卻特殊的完整。回顧八年前的日記，您離開了，至今仍然很難適應。

大家都說【男兒當自強】，其實在這個時代【女兒也得自強】。只有自己強大了，才能真正選擇自己要的人生。而我們家確實從外婆一脈相傳著一種柔美的女性強悍，到媽媽，到我的身上。

媽媽的腦袋很有系統，字跡工整，愛乾淨，有規劃，多才多藝。卻因為外公的一句話「女子無才便是德」而封殺了燦爛的遠景，任勞任怨的過著她的人生。八股的這句話埋沒了多少女性的快樂與幸福。

媽媽確實不快樂，為了我們三姐妹，卻很認命。在糧食局上班，還幫人記帳，神乎其技的理財頭腦，竟然也能幫孩子都規劃好了良善的保險以及積蓄，也學各種才藝，包含書法與鋼琴。實在很神，令人佩服。

若問我今生最感恩的人是誰，無庸置疑，是我的媽媽。雖然媽媽的愛從來不是用說的，但我完全可以明白媽媽希望下一代不再重蹈自己遺憾的那一種期待。

　　女子無才，那就任人宰割，聽天由命。雖說嫁雞隨雞，嫁狗隨狗，但在無才的狀態下，連個選擇的機會都沒有。

　　女人的命，有兩個階段，分水嶺就是婚姻。但運是選擇，為何選雞犬，何不擇鳳凰？而那選擇的能力，沒有別的，就在學習。唯有學習，才能增添皮肉以外的魅力。只有學習，才能擁有真正愛與被愛的能力。只有學習，才能獲得創造幸福的勇氣。

　　媽媽不快樂，卻是一種倔強孤傲的湯頭，加了什麼料都是智慧翻騰的提醒，每一口都是回味無窮的蒼勁。媽媽用踏實、責任，取代了瞬間即逝的快樂。看似負面的言語，卻都是耐人尋味的激勵。因為她知道她的孩子流著跟她一樣的血液，流竄著一樣的脾氣，沉積在 206 塊骨頭的細胞裡。

　　從高中開始，我都是半工半讀，我喜歡這樣的學習，因為最後的收穫不會只是一張文憑，而是真正的學歷與學力。從幼兒保育科前進生活應用科學系，再奮鬥奪下世新大學的資訊管理學碩士。

　　三級跳的跨領域學習，並沒有滿足我的求知慾。五術【山醫命相卜】，文字、語言、身心靈所有的一切，我從來沒有間斷那種並聯串聯各種相關知識學問累積的機會，並且完整組織出自己的邏輯。

　　因為現今的社會，專才只是基本要求，通才方能出類拔萃。所以我什麼都可以聊上幾句，於是變成了男女老少都喜歡談心的對象。無形中也拉近了客戶夥伴與朋友間的距離。

遇見，不容易。

遇見後還能持續攜手前行，更不容易。

那需要同樣速度，同樣的方向，

至少必須是同樣的目標。

同行，不易。

快樂同行，更不容易，

因為那必須隨時微調彼此的頻率。

　　我感恩外婆的愛，感恩媽媽的訓練，感恩一切的發生，感恩我自己的珍惜。隨時累積能量，隨時調整速度與方向，隨時讓自己更有才，因為我要奉獻，所以我必須獲得。

　　讚嘆那一句【女子有才方有得】。

♞ 不一樣的自己

文／李佳穎

　　2018 年初，我與閨蜜去聽動次動次的演唱會，因為我們的人生至少要有一次五月天。

　　黃道一年 4 季，12 節，12 氣。約 30 日為一節，15 日為一氣，5 日為一候。年季節氣候，看的都是陽曆。而五月跨了兩季，三個節氣。春末夏初的穀雨、立夏、小滿。正是萬物開始生機盎然，奮戰茂盛之時。完全呈現 5 這個數字的本質。

　　五是改變，五是勇氣，五是勝利，五是財庫，五是中土，五是奮戰耕耘過後得來的福。因此，生命一定要有一次五月天，才能沒有遺憾的曾經璀璨。

五月艾，味辛微苦，艾同音愛，過敏者不宜，卻是對身心良善除濕氣的一帖妙方。艾草，在古代行軍時會燃燒艾草，以其氣往下竄走之特質，遇水之處，煙即上飄，於是讓軍旅皆能尋覓到可挖掘的水源。

愛，亦是我源源不絕鬥志的根。從青春年少，追求者不曾間斷，卻不代表我會在那桃花叢裡迷亂。反而更是激起了我對情感的執著付出與專一。

如果每一次的遇見都是必然的安排，我想我都已是鞠躬盡瘁的對待。即使傷痕累累，卻也磨練著自我療癒的功力，除卻那天真浪漫的情愛濕氣，提升了理性選擇的能力。直到頻率真正對上了，才有那快樂幸福攜手共度一生的可能。於是我感激過往的經歷，感恩此刻與夫君的相遇，彼此尊重，彼此珍惜。

春天萬物甦醒，夏天充滿能量，秋天涼爽浪漫，冬天寒冷孤寂。我品味著四季，確實不喜歡冬季的憂鬱，欣賞著春天的新鮮，融入於夏季的熱情，享受於秋季的豐收。也因為生命總得經歷四季的循環，我也才能感受那有如韋瓦第小提琴協奏曲般的跳動快感。

爭，必須是一種規矩之後的圓融，才有外圓內方的財富。

爭是 5，愛是 6，一陽一陰才能平衡。

奮戰 5 後的療癒 6，就是爭奪 5 之後的愛 6，必須隨時共同存在。否則擁有再多，都會只是曇花一現的無奈。

有所爭，才能有所不爭。

有不爭，方能關鍵時刻之爭。

莫讓生命的過程像風箏，

斷了線，失了魂。

不一樣的歷練，不一樣的自己。

不論親情、友情、愛情，我唯一堅持的就是真情，因為那是童叟無欺的觸感，不愧對自己靈魂的快感。真情，真的很重要，只是我們慢慢的學會了修飾，而不是偽裝。

六是愛，六是地，六是責任，六是療癒，六是影響力，六是不必開口也能感受的穿透力。

人生總有五月天，那是青春衝動的本錢。六月是愛在燃燒的節氣。但那真正的澎湃在那七月裡，因為那是我幸運的出生。

2 我是誰

文／李佳穎

1978.7.11=34=7

從上面這個數字來看，大多數的朋友都說，歲月在我的外在完全看不出痕跡。身為 3 個 7 的 7 號人，經過我冷靜的分析，他們果然很誠實。

聰穎佳人桃李香，歷久彌新更芬芳。

父親長年跑船，從小生長在有如女子兵團的世界裡，又身為長女，我早已把自己當成男人看待了。獨立自主是我的習慣，此乃

生存環境造就的本能。依賴，這兩個字很難在辭典裡找到。於是，理性是不得不練習的功夫。其實我很清楚，我是個不折不扣的感性靈魂，只是我必須平衡那感性與理性間那根看不見的槓桿。

從小的書法訓練，長大後，越來越感激母親的遠見與栽培。

直覺力是我的本能，分析力是同時旺盛的特質，於是我一直在尋找著動態的平衡。正因為如此，我喜歡寫字，喜歡用各種筆寫字，喜歡做歸納整理，喜歡將生命中的每一段經歷做一個總結，希望沒有白白浪費這些歲月。

在六書【象形、指事、會意、形聲、轉注、假借】的造字組字用字的哲學中，我喜愛左右對稱的形聲字。原來我人生一路追尋的不是激情的璀璨，而是平衡。

我是女子，卻醞釀著陽剛的底氣，縫補著環境的缺憾，拼湊成長歷程的殘磚，用勇敢堅毅的虎牙，咬合著永不放棄的齒根。不用未來的眼淚腐蝕過往的傷痛，卻用今天的不合理堆砌明日的能力，因為我一定要越來越好。

但就像「好」這個字，一女一子是謂好。有女有男，陰陽平衡，中庸之道方能稱好。從這個字突然明白，沒有更好，沒有最好，不要不好，只能剛好。於是我不想無限上綱著理性，而壓抑著我澎湃的感性。因為理性是為了前進，感性是為了調節前進的步伐，不至於失去了人性本應柔軟的感情。

在多少個孤獨探索自我的日子，在不斷靜心尋覓天地真理的時光裡，我不斷抽絲剝繭，梳理著思緒，編織著靈性。

回顧求學與職場奮戰的歷程，不禁感動了起來。從臺下的觀眾，到舞臺上的主持。從眾所期待的必然，到無法理解的惆悵。我終

於明白，凡所有走過，都是為了鍛鍊我在那錯中複雜的感受裡依然能夠保持著智慧。心靈導師不該是個行業，而是人人都應修煉的功課。為家人，為夥伴，為有緣人，更為自己。

【我是誰？】

是很多人沉靜之後才會思索的問題。

你的問題是那【我曾經是誰】，忘了【我現在是誰】。

但何不問問【我該是誰】，【我能是誰】。

別問我是誰，我就是我。

我想是誰就能成為誰。

檀香的成長是借力，是一種老二哲學的沉寂，盤結歲月的濃郁，在那心房釀造了底氣，藏在天地。

沉香，是傷痛堅毅的自我療癒。

死而不滅，斷根仍呼吸，

如那龜息，恰若達摩祖師自面壁，

沉的是心，腐敗間穿越香華的細膩。

我如檀香千年結露，

我如沉香萬年修煉。

木子火熬成佳話，

穎悟金川水美人。

我是李佳穎，

生命迷航的指南。

2 看見未來

文／李佳穎

背黑鍋，不是我的嗜好，卻是從小無語的鍛鍊。在那當下，確實很受傷，自我舔嗜傷口後，卻是另一種成長。在理所當然的期許中，盼來的卻是無法理解的不公平。慢慢明白，公平是角度的問題，不公平是生命無常的自然。

就像人制的法令，你可以上訴，但是庭上依舊可以駁回。終於理解，不要在不合理中爭論真理，只能在自在中堅定方向。既然逃不了，那就適應那現況。待那東風起，赤壁也嘩然。

人是複雜的，但用另一個方向來看，也因此才是豐盛的。於是工讀時期，我從最熱鬧的麥當勞接待員開始，那是一種美式的應對進退，感染著活潑生動的待人接物，確實是很好的訓練。

既然學幼保，我當然也沒有不務正業，從公立的托兒所到私人的托育中心，兩年的專業服務也算沒有辜負這一段職業訓練。插班進入實踐大學的生活應用科學系，同時在港商家具公司歷練企業內部的行政系統。

畢業後在老人基金會，蘋果日報一連串的多元職能體驗後，我考進了華南商業銀行。從 2004 年 5 月 3 日至今，我成為了銀行系統內的專業人員。簡單幾句話當然不能描述這其中的滋味。為了感恩華南銀行對我的栽培，繼續精進，取得了碩士學位，也期許自己能因此更為這恩重如山的系統，團隊，長官，夥伴以及客戶們奉獻自己的能力，而絲毫不浪費。

人在江湖，身不由己。

但問誰不在江湖？

出了社會，你就懂了。

但問何處不是社會？

生命無處非戰場，

想在決戰後繼續存在，

決策就是隨時隨地的功課。

對我而言，決策就是學習，決戰就是服務。不在乎自己是否被忽略，只專注服務是否能到位，為客戶，為團隊。就像在信用卡的業務系統中，我體悟了很多人生的哲學。

信用，就是人之言，言可信方為人，方可大用。若無信用，必然卡在那邊，錢在天邊。從循環利率來看，生命的價值與生活的壓力一樣。你要善用資源而紓解你的困頓，而非濫用方便，循環了自己的悲慘。銀行不是現實，而是陪你一起面對現實。理財不是貪婪的投機，而是有條不紊的資源整合，王者百里，八方皆財。

你把職場當戰場，那麼只有損傷，不是你死就是我亡。

我把職場當道場，修煉心性如日月，白天黑夜輪流發光。

不在競爭中迷惘，只在合作中成長。

你演你的甄嬛如懿，我刻我的琅琊榜。

你說你的天方夜譚，我喝我的無味白湯。

不必交集，不必璀璨，各自陰陽。

走過世界各地，最難忘那尼加拉瓜大瀑布。白天晚上不一樣，

穿著雨衣在其中，驚豔的不是那負離子的水花，而是那瞬間解離的思緒，彷如隔世。

放眼望去，我瞧不見過去，只看見了未來。

♞ 簡單的夢想

文／李佳穎

有夢最美，希望相隨。這是曾經耳熟能詳的政治口號。每個人都有夢想，敢夢敢想，都有機會成真。而我的夢想很平凡，只是一句【渴望簡單】。這樣的簡單就是【生活無虞，快樂健康】。

我給自己的要求也很樸實，正是一句【莫忘初心，方得始終】。

但初心易得，始終難守。精進心易起，長遠心難持。

於是我勇猛精進，沒有奢求，只為初心。因此一日數省吾身，卻被解讀為想太多。哈哈！不是我想太多，而是你們想太少了。一直以為簡單不難，其實簡單很難。就像毛筆字，最難寫得好的就是一。

就像大家對中醫的理解一般。

中醫難，難在原理根源的易。

中醫易，易在不著表象的難。

看似對的，全錯。好像錯了，也對。

如那良藥苦口，是對卻也錯。既是良藥，則不應苦口。

經驗，體驗的是過程。治療，要的是結果。身心靈於一體，當然必須關照於【感受】。

越簡單的一切，越必須謹慎，因此很難。越難的一切，因為渴望，所以也變得簡單。就像電視裡各種表演比賽的評審，其實水平並沒有在任何選手之上，只是旁觀者清罷了。所以評斷別人容易，檢討自己困難。瞭解自己已經是困難，何況瞭解別人呢？

於是，我經常與自己的靈魂對話，經常從各種角度來剖析自己，包含星座、血型、生命靈數、紫微斗數。因為我想認識這世界，更想認清自己的世界。誠實面對自己，也才能找到真正自己想要的答案。

我喜歡看文章，喜歡看故事，喜歡聽演講，喜歡看舞臺劇，喜歡那真實情感不 NG 的直接呈現。因為這就是生命。

生命沒有彩排，無法重來。但我們總得在每一次的錯誤後，都得到了教訓與經驗的累積。而不是，再來一次仍然沒有任何進步。

許宏老師 2018 年的作品《成就渴望的臨界點／心想事成方程式》，這本書帶給我極大的震撼，因為我所渴望的簡單，其實真的很簡單。

那就是簡單的規劃，簡單的執行，簡單的相信，簡單的一次又一次的達成我要的簡單。

2019 年我重新整理了自己，把靜心當成基底，然後：

想我要的，

說我要的，

做我要的，

結果必然就是我要的。

2 一路都有你一起

文／林殷羽

回溯生命的 3 個 18，當然有過起落，但是我卻不曾寂寞。婚前有父母有哥哥，婚後有夫婿有子女。

生命中的一切奮戰，確實都是【從家做起】。以家為根基，才有各種創意的萌芽與茁壯。有家當後盾，才有那源源不絕的戰力。

要感謝的人太多了。但若說最愛，最感激的人，其實都是同一人，那就是我的夫君卓楷清。寵我，疼我，呵護我。一般女人擔憂的男性缺點都沒有。精進心易起，長遠心難持。但你那鐵甲武士般的安全感卻數十年如一日。

卓越真情釀筆墨

楷體端正亦渾厚

清澈思維仁義行

築夢踏實伴左右

要當老師，那可不是天生成型，必然要從學生做起。學習也不盡然能順利到位，那得多大的好運氣。美業是我的夢，是即使專注會計系統上的鍵盤時，依舊會敲打出來的憧憬。

揮別了父母的保護傘，風雲變色也得靠自己。就在勇敢追夢的瞬間，你幫我撐起了天棚，扛起了一切。包含所有的家計。白天超市營業員，晚上貨車運冰塊。日以繼夜焚膏繼晷，兩三個鐘的休息，誰受得了？終於差點翻落懸崖峭壁，好在神明護持的救贖，

才能讓我繼續擁有你。

在我正式開創美容健康產業的同時，也有你的鼎力相助。坦白說，我超喜歡這種可以依賴的感覺。應該說，我超享受這種與你共同奮鬥彼此扶持的溫暖。

特別喜歡你寫的字，一筆一畫都是真誠負責的態度與痕跡，楷正而清晰，卓然烙印在我的心底。有你真好，謝謝你。如果生命中能有一點驚喜，我都想與你分享。如果生命有任何成就，我都歸功於你。

驚濤駭浪皆忽略，
磨劍十年不懼黑，
青春歲月無虛度，
文韜武略難摧毀。
絢爛層次的展現，
就是真正蕩氣迴腸的生命之美。

體會、感受、覺知、品味、領悟，
個別是什麼過程，活了一輩子，恐怕都沒有清晰的分別。
感傷、無奈、痛楚、失落、怨懟，
又是什麼滋味，即使行將就木，似乎仍然不明白當中差異。
喜悅、快樂、平靜、安詳、和諧，
能否真正嚐過，在翻騰的日子裡，誰又在靈魂裡記錄了境界。
人們總說著他的感覺，但為何會有這樣的感覺，卻不曾細膩欣賞，在那跳脫軀體的週邊，觀照自己那一刻的美。

202

人生不可能凡事一桿進洞，

難免總是揮棒落空，

精彩的不是輝煌的功名利祿，

而是過程起落的細微感受。

讓我感覺最幸福的喜悅，

就是那【一路都有你一起】。

2 真正的美

文／林殷羽

經營美容產業，從個人工作室開始至今已經有了 18 個年頭。美容產業不是我的本科，那是半路出家的不務正業，卻是我從小真實渴望的夢想。

美，是一種態度。美，是一種責任。

美，是萬物皆然的渴望。但，我要的是真正的美。

我不是強調自然美來敵對人工美，

不是以不修邊幅來驅趕濃妝豔抹。

我是用那不本末倒置的根本健康，

當作美麗的基底，而非只是刻畫雕琢的皮囊。

相由心生，靈性豐厚的德福兼備自然仙氣十足。歪思邪見的心胸腸腹當然也就妖氣不滅。

美，與靈魂積累的因果有關，與心念的潔淨混濁相符。美，絕對不是刀光劍影中暫時縫補的產物。

健康的心靈，牽引著平衡的內分泌。健康的心肺，綻放著亮眼的皮毛。此乃肺主皮毛。臟腑互為表裡，肺為臟，大腸為腑。大腸不順暢，藏污納垢，連日不解，皮膚怎麼會好？

因此，牽一髮，動全身。美醜，反應著靈心身三位一體的全面狀態。想要美，還真得從身心靈的平衡著手。於是身體的健康維持，心靈的正確滋養，都是美學的必修課題。而這一切就必須要有智德兼具的美業工作者才能提供正確的全方位服務。

全方位，是被濫用很久的口號。其實全方位就是必須從各個角度都切入的必須。這樣的服務團隊，就是我【昱莊國際美容機構】一直在建構培養的子弟兵。

美容師很辛苦，但難免會遇見刁鑽的客戶，有時這樣的遭遇是磨練，有時卻也因此而被摧毀。

不懂經營的美容師就會成為工匠、僕人、女傭，沒了自尊。

懂得經營自己，才能翻轉自己的能量，打造自己的底氣，成為客戶的專業顧問。

然而，尊重必須先從自己的根基打底，專業知識的深度與廣度，還有應對進退的精準度，確實必須下一番功夫。美容師是技術操作者，但不該是工人，而是老師。但自重者人恆重之，那些失了禮儀的客人，都是空虛病態的表象，需要你的征服。

當然，你可能不知道應該怎麼做。恭喜你，認識我以後，就沒了這個問題，因為【我罩你】。加入昱莊，你就是自己人。幫助蒼生的同時，也幫咱們自己召回應有的尊嚴。

昱陽柔日照大千，

荭光遍灑萬畝田。

健調養協 HCBA

文／林殷羽

社團法人中華健康調理美容美體養生協會，在大家的期待與努力中終於誕生了，這是在我流年走 9 的時候。足足 18 個字，很長卻很有意義。為了方便讀取，我們簡稱【健調養協】，代號【HCBA】Health Conditioning Beauty Association。

9 是奉獻，是大愛，是結束，更是一種開始。於是我結束了只是創造企業版圖的思維，開始了整合資源，貼切奉獻的大愛之路。18 字的協會名稱，不是矯情造作的刻意安排，而是無心插柳柳成蔭的巧合。

因為健康、調理、美容、美體、養生，是我們協會的五個主軸，卻也是殊途同歸一體成型的共振方向。調理美容美體養生是方向，是城堡的四個大門，而【健康】確是我們真正唯一的目的。18 代表成功，1+8=9，更代表協會大愛奉獻的本質。從 2015 年 5 月 22 日至今，已經走過了最艱困的 3 個年頭。

協會，協會。協這個字真正的意涵就是協助。

若沒有企業的資源在支撐，協會在初期確實很難實際運作。於是我們很努力的向很多的協會學習，卻也不一定得到友善的回應，但這並沒有打擊我們的堅持。

協是鞋，我們不斷調整鞋子的設計，一直到真正的合腳，也才能踏出和諧的步伐。

協也是脅，是左右臂膀的根基，不堵塞而通暢，也才有雙手平衡的合作無間。

每個人都有自己的功課，每個團體也都有自己的作業。既然協會成立了，我們就有這樣的責任義務，使其深耕成長茁壯，即使遇到了種種意想不到的困難。

做你習慣的事，是自然。

做你不習慣的事，才是成長。

一切如你所想，是快樂。

偶爾出乎意料，才有驚喜。

2019 年 2 月 24 日，是協會擴大舉辦的春酒，這是一個感動的時刻，因為健調養協的努力已經開始被看見被認同被肯定，並且實質做到了幫助。

健調養協，不是為方便企業行銷的變相組織，而是真正建構真誠合作的公開舞臺。而教育訓練就是我們不斷落實理念的方法。

於是我們陸續與很多的教育機構、訓練單位、專業講師，共同合作，甚至與國外同性質的協會互相對接，把影響力擴大，把實戰力壯大，而非孤芳自賞的笑話。

今天，我幫助你。明天，你幫助別人。我們沒有口口聲聲的公益，只有默默協助的隨喜。

今天，你瞧不起。明天，讓你望塵莫及。我們不大，應該說我

們很小。但就因為我們願意把自己縮小，也才能幫助把你放大。

我們不怕沒有自己的利益，只怕沒有真正幫到你。

HCBA，就是如此的一個大家庭。H 是 Home，CBA 就是逆轉 ABC 的順序，從小到大，找到你自己。HCBA 翻轉你的視野與思維，成就每一個生命內外通透的健康美麗。

2 慢工出細活

文／林殷羽

9 是一個小循環，18 是一個較大的循環。而我的人生已經完整的經歷過 3 個 18 了。而這三階段正是生命中的三種體驗與歷練，第一段是沒有煩惱的公主時期，第二段是學以致用的金算盤時期，第三段是實踐夢想的創業時期，第四段正開始，正是深耕教育回饋幫助的奉獻時期。

我是 2 號人，而我的人生也從 2 開始。

2019 的此刻正是 2 接 3 的第四個輪迴。2 是女人，2 是表達，2 是依賴，2 是平衡，2 更是合作。

子曰：「知之為知之，不知為不知，是知也。」

懂就是懂，不懂就是不懂。不要懂裝不懂，不懂卻裝懂。這是我一路以來學習的態度。

問，是我前進的方向，是我做學問的態度。因為路是問出來的，要學就要問，在學習的路程上，我一定一直問到真正會的人，直到給我真正覺得合理的答案。

從無到有，從有到好，那是艱辛的歷程。我不想要快速，也從來不怕錯誤的測試。但每一個成長的步驟，都必須扎實。我願意承認自己的笨拙，不怕愚公移山的被奚落，但是我清楚沒有什麼比讓自己真正理解明白，可以真正獨當一面更重要的。所以我願意繞遠路，走錯路，最後即使蓋著雙眼也能回到正確的路。

我感激那些棄我於不顧的人，那逼迫著我的壯大。我感激那些默默在相挺幫助的人，當我成就了，我不會忘記你們的情義。

錯的人，總是會比對的人多很多，但這也是一種慢工出細活。

年過 50，流年走 2 的時候我完成了我的碩士學位，不是為了學歷，而是真的想學習，於是銘傳大學管理學院攻讀碩士，論文就是《臺灣健康美容美體業營運管理與策略之探討》。

有比較就會有計較，於是我把自己的標準降低，卻也是另一種善待自己。

因為人之所以煩惱太多，

就是因為記性太好。

該忘的，忘不了。

該記的，記不牢。

所以曾經過目不忘的我，而今卻選擇自我催眠，讓自己的記性不好。擱置了所有的不重要，才能專注於我真正想要的目標。

正因為明白學習的路上必須要有貴人牽引以及明師指點，才能讓有志於學的朋友們可以少走冤枉路。

於是，我用我的企業資源【昱莊國際美容機構】的成員擔任第

一波 HCBA 的義工，拋磚引玉。希望在人類健康的路上減少盲從，在人生經濟的奮鬥途中不再茫然。

每一個女人都希望永遠 18 歲，我已經擁有了 3 個 18 歲。而今，我卻又再重新歸零與大家一起成長。

用我的慢，墊快您的速度。

用我的真，穩健您的腳步。

用我的慢工出細活，一起邁向健康美麗的成功之路。

2 遠離藥物

文／林殷羽

陰雨身後舞豔陽，一道彩虹展希望，

遠離藥物是夢想，技術傳承更發光。

當我們什麼都不懂的時候，一定只有任人宰割的命運。當我們懂了，卻無力改變時，那就是生命最慘的悲歌。

是藥三分毒，緩解了一個現象，卻會產生新的問題。只是相對而言，你以為痊癒。這就是不在期待範圍內，卻不可能不發生的【副作用】。

醫者，有責任在這個部分下功夫，因為這是醫藥界如今依舊荒蕪的一塊盲點。

不要只是爭論中醫好還是西醫好，

不要只是討論著合法還是不合法。

既然腦袋好，才能考上醫學院，才能擁有行醫的資格。那麼就不要辜負國家社會給與的期待。讓藥物的使用，能夠真正恰到好處，而非只是分類那指示用藥還是處方用藥的差異。健保給不給付的問題。

濫用成藥，主題源自藥物電視媒體的可笑廣告，誰又負責將藥物的正確使用鉅細靡遺的廣為宣導？

農民說著吃甚麼水果蔬菜很好，你卻說他涉及療效，違反《藥事法》。何不家家戶戶，政府每隔三年贈送一本《常用藥品手冊》，讓大家都能活在智慧裡，至少不會盲目的用藥。為什麼？因為偉大的立法委員，沒有人懂這一個部分，自己生病也是濫用藥物的受害者。

就像黑心油事件，哪一個官員能真正逃得了？社會是大家的，法令也是大家的。但那智慧與貪婪的抗衡卻是人性善惡的臨界，需要檢討。

可以物理，何必化學。

可以簡單，何必複雜。

就像物理治療師的專業，卻被選擇性的忽略。就像營養師的建議，應該同步於醫生的處方。中醫不懂西藥，西醫不懂中藥，即使會診也會出現雞同鴨講的狀態。你會說我亂講。但你可能不明

白，藥物並非醫生的專長啊，否則為何要醫藥分業呢？

在很多的所謂非主流醫學，其實幫助了不少人，包含芳療，靈療，食療，光療，民俗療法。而所謂合法的醫療體系，卻也不能給誰真的任何保證，甚至所有的決定都在那家屬同意的切結書上。然後，常常換來一句「很抱歉，我們已經盡力了。」，正是長壽劇裡永遠不變令人吐血的無聊劇情。

電視上有什麼，生活中就會有什麼。但我們不能只是停留在無奈的抱怨階段，那只是於事無補的負能量。於是我們只能廣泛學習，運用正確的知識與方式，不涉及療效，不觸碰既得利益者的敏感神經，不破壞大家習以為常的法令思維脈絡。

遠離藥物，真的是很不容易的困難，卻也是我永遠努力的堅持。

只思幫助，不墮貪婪之迷途。

宣導養生的智慧與方法，不談療效，讓那蒼生健康快樂日日皆微笑。這就是 HCBA 渺小的偉大志願。

2 見小曰明 守柔曰強

文／洪守柔

「見小曰明，守柔曰強。用其光，復歸其明，無遺身殃，是為襲常。」這是老子在《道德經》裡的一小段，卻是父親給與我一生的期許與智慧之光。

從細微處見到萬物本質，才是真聰明。堅守柔弱的彈性，方能勝剛強。在因果循環的智慧理解中，善用光明，不留愚蠢之傷，此乃因襲自然之恆常。

《道德經》五千字，至今輾轉流傳兩千五百年，想要知道其真諦，不是看翻譯，而是用自己的生命去實踐與解析。書中所說，都是方向，不是結論。經文所譯，都有迷惘，不是真諦。

世界不會在屋裡，而信仰不只在言語。

父親，無庸置疑的，是我從小處事的標杆。但在這種完美主義十項全能的思維裡，有時迷惘，有時空蕩，有時慌張，全都是傷。而我卻也如此慢慢成長，不斷茁壯。彷彿在宮廷裡的儀式中，無法逃離的貴族霓裳。在那不失真的性情中堅守柔順，在那一息尚存的每一刻，堅持高尚。

左手通心臟，右手通大腦，保持真性情，培養自身的能力，雙手併用，心腦同步。父親的教育模式，曾經很難理解。卻在歲月洗禮中慢慢一點一滴領悟那用心的哲學。

孩子與父母之間看似是個體，卻異曲同工，共振同頻，串流共

同的血液，一個家族的傳承。即使在家道起伏，通透人性的當下。父親不敗的精神，母親的善良純真，仍然是我面對無常最有力量的方向。看淡錦上添花的必然，長存雪中送炭的肚量。

男兒當自強，女子守柔更懷剛。

於是父親經常教誨著【女人一定要有自己的實力與自己的事業，且不論未來的伴侶如何，這是女性對於自身的尊重與保護】。

2 天性

文／洪守柔

越是自信的人經常也越自卑，這不是矛盾衝突的見解，而是對自我狀態嚴苛要求的呈現。在爸媽的陳述中，我一點一滴的勾起兒時的記憶，包刮那一切沒有記憶的記憶，就是潛意識裡的自然反應。在沒有刻意教育引導中，所表現的行為，就是與生俱來的習性，謂之天性。

那時，我會折好小手帕、餐巾紙放在碗盤旁，很有儀式感的用餐，小心翼翼的擦嘴，傳承著優雅必然的規矩。亦同儒家思想般的肉不正不食。我會拿著水性簽字筆，精細描繪各種裝飾圖騰，尤其是東西方傳統服飾線條的勾勒，天知是天馬行空的天外之筆，盡是原創的軀體。有時一畫就是一天，盡在桌前，樂在其中。那

時，我兩歲。

這樣的日子，年復一年。眾人勸說父親將我送往可以一展長才的專業訓練機構，培植專業素養，否則可惜。父親卻淡然而堅定的回應：那是扼殺天賦的愚蠢之行。天份要讓她盡情摸索，自我找尋，毫無框架，沉澱定位。而不是用世俗律法的規範，阻斷了她的成長。旁人都說，父親不只是建築設計大師，不只是藝術家，更是一位教育智者。

父母親的教育是這樣的，順從，即是順著孩子的天性。反對，是激發孩子的堅定。在順中滋養著骨幹，在逆中蕩漾著驚喜。而這一切的安排，當局者迷。舉棋之間，木已成舟。

高中三年我在復興美工就讀，那是軍事與藝術的結合，像在一個巨大的牢籠中鍛鍊，卻也難無基本功。那時我才知道，父親是我老師的老師，設計界中許多人的標竿。但這樣的醒悟，並沒有壓抑住我沉積已久的叛逆。我依舊想要掙脫。

見識了父親公司目不暇給的輝煌，我依舊想要順應自己心底的聲音。實現我對自己的期望與要求。於是，我決心搬到紐約，一個陌生的新環境，只屬於獨處的時空。

我畢業於 Parsons School of Design 帕森斯設計學院就讀，主修 Fashion Marketing（時尚行銷），同時選修 Fashion Design（時尚設計）。也正式我生命的蛻變與崛起。

曾經認為進入全球數一數二的藝術學院就讀很遙遠，但在母親【洗腦式的鼓勵和讚美】教育之下，我總有一股無形的正面力量，並且不設限的，一步一步實現自己的夢想。一個人在紐約生活將近七年當中，我在各學院進修飾品設計鞋履設計與活動規劃，並

進入國際時尚品牌公司實習。

　除了創意的啟發，視野的寬廣，也是一次徹底的自我認識。得到真正的自信與對自我的尊重，在獨處中才了解自己，我開始勇於表達自己的感受，身心獨立，靈魂覺醒，成為真正的個體。不再只是夢想，成功者的精神延續。New York 對我而言不只是城市，而是一個開始，協助迷途的我找回自己的價值。

　我曾經是對外封閉的靈魂，感覺與世隔絕的空洞。所有的正面，我都負面解讀。所有的負面，我卻忘了翻面。更把具有的特別之處，解讀為奇怪。

　這一刻，如夢初醒，原來所謂「不一樣」不是邊緣化的廢墟，而是貨真價實的實力與人生經歷。醒悟之後才開啟的逆轉戰鬥力，找回原屬於自己的力量。

2 行銷與美學

文／洪守柔

設計，是一門藝術。

藝術，是一種生活，且必須完全融入生活。

就像美，這件事，太多人詮釋。而我看來，美是一種生活態度，一項生命的責任。在感官上的五感六覺，每一種體會，每一種覺知，都必須是精湛的。而視覺，是我最專注的。

眼睛，不是只有瞳孔與視網膜，不是只有黑白分明的包裹。還有那鏈結全身每一個角落的虹膜，將那每一個影像烙印在細胞記憶的最深處。

視覺，我們與世界的直接連結。在那超然的饗宴裡，仍需平凡肉眼可以解析的平衡的力與美。既然要設計，那麼則不要荒蕪那專業所堆疊的元素，在時空中放置的恰到好處。

設計，當然有其層次，有其脈絡。粗糙與細膩，和諧與突兀，驚豔與簡約，卻不能遺漏蘊藏的文化與優雅，經典與 Timeless。

時尚，有時看作時代潮流裡的高尚。不應空洞，不應浮濫，不應是矯情造作的突兀。而是擁有智慧思想品味的一種典雅與風範。

藝術，不會只是一昧的瘋狂，而是穿越感官知覺的通透，靈性綻放的態度。

我總認為，生活與美學無法切割。視覺平面、服裝珠寶、生活細節與空間，一點一滴的情感思維，都是我無微不至的關注與累積。從品牌形象，商品設計，到活動視覺策劃，我習慣在每個設

計中注入故事性，利用感性與美學的結合，提升內在的質與新的靈魂賦予，藉由此去拉近事物與人之間的連結。

現今 Social Media 盛行的年代，競爭眾多且直接的網路世界，如何只用短短幾秒鐘的時間盡可能的用視覺說故事，已是現代行銷中不可或缺。

消費，已經不再只是商品本身，更包含了背後賦予的意義與文化價值，而這已是社會的趨勢。

包裝設計與服裝造型有一樣的道理，在我們開口說話之前，已先用了外在的形象表述了我們是誰，包含我們希望呈現給社會的印象。甚至，我們能夠藉由外在的包裝重新定位形象與高度。商品包裝更是如此。

理性的行銷策略結合感性的美學思維，利用視覺包裝，營造一個情境去敘述品牌故事，並搭配能讓使用者直接感受到設計者以「人」為基準，與對細節的用心，這是當今藝術文化與行銷結合的美學競爭力與戰略。

♞ Nature and Pure

文／洪守柔

HERSE 是希臘神話裡的女神，是掌管清晨植物露水，淬鍊與進取美麗的象徵，那是兩千多年前古希臘的神話傳說。

而今更是代表女性內心深處的聲音。HERSE 赫思——我的品牌，我的公司。

美容保養，市面上有太多不切實際的描繪，不熱衷於花過多時間在保養上的我，卻也認真感覺保養可以是件簡單的事。最先必須了解自身的皮膚狀況，選擇溫和的方式保持加強肌膚的保水，沒有過度的負擔，時常是最好的保養。美容就是美學用在人體，需要恰到好處。

臺灣，應該說華人世界，重洋心態造成的阻礙。崇尚歐美日韓保養品牌，卻忽略了各地區氣候環境顯著的差異。跑遍世界，居住在不同的城市，我明白氣候對於皮膚震盪性的直接影響。在臺灣大受歡迎的專櫃保養品牌，絕大部分製造地全是乾冷氣候，而臺灣卻是海島的濕熱，在我看來的確不合乎邏輯。

美容保養品的神話太多了，對一個受過時尚行銷專業訓練的我而言，保養品從來不該算是高科技，而是太多累贅的設計。

保養品應該著重真誠的內料，而不是趨近謊言的行銷。純天然，不容易。不防腐，不可能。但也不該放進太多與保養毫無關係的賦型劑。

在從紐約搬回臺灣後的短短一年時間裡，我清楚明白了，肌膚保養和氣候息息相關，臺灣人應該擁有符合臺灣特殊氣候的保養

品，針對潮濕悶熱而設計的保養方式，才能真正解決居住在這座城市會遇到肌膚問題。

臺灣研發、製作，原始自然的原料，配合簡單優雅的設計，是我研發給自己和家人、朋友的保養品，都是我的鍾愛首選。

用己之所用，分享所愛的態度，將 HERSE 延伸出時尚與純粹所交融的肌膚保養品牌。至今的 HERSE 已不僅僅是當初為自己創建的品牌，而是希望更貼近每一位愛用者的生活與需求，創造內外兼具的照顧。

HERSE 必然會將這份原始自然的愛繼續延續，打造專屬於臺灣女性最合適的肌膚保養品。HERSE 沒有廣告，沒有渲染的引爆，只有真心的震盪，口耳相傳的感動。

沒有口號，只有感同身受的鎖鑰，感染每一曲優雅。

♞ 堅守

文／洪守柔

一支從沒換過的手機號碼，從來不關機，即使我已出國留學，手機號碼依舊保留著。因為相信，總有一天他會打來。

因為那一串可以讓電話響起的數字，就是兩個人生日的排序。

通常這樣的浪漫與夢幻，只能維持 12 天，也許 12 個星期，最多 12 個月。而我，對這樣的等待自然而然，只是相信真情的存在。

這一天，一個紐約的冬天，收到一封訊息來自熟悉卻又陌生的名字。對方表示：「這號碼是我從前一位朋友的電話，想聯繫看看還是不是同一個人使用。」

這一刻，故事在停頓 12 年之後重新開始。

我們就讀同一個國小，從 12 歲開始彼此純純的喜歡，天真浪漫，時近時遠。感覺是天上雲和草原的豹，唐突卻無違和。

這一個戲劇性的等待，落筆很重，一下就是十二年。斷聯十二年後再相遇的我們，已各自累積人生的經歷，擁有比從前更多的人生智慧。當中曲折離奇的過程扣人心弦，但最終我們都已成為現在更沈穩的自己。為了迎合讀著童話故事長大的自己，在 2018 的下半年，寫下了 Happily ever after 的故事結尾。

在數字學裡，我是 456 連線的完美主義。在生活的每個細節，在創作的每一個態度，都必須在不折不扣的天秤上呈現那鉅細靡遺的動態平衡。必須先感動自己，才是感動每一個人。

膩了，是物極必反的自然。

所以變化才是市場。

懷念，是一種變化後的比較。

最後勝出的就是習慣。

大部分的決策裡，我習慣違反自然，鄙視市場，

不是懷念，不是習慣，

而是我真的從來沒有懷疑這世界本就存在的真與堅持。

見小曰明，守柔曰強。

性格決定命運，或許人們談論高瞻遠矚，我更專注於細節之間，專注在洞察細微的感受力，含藏內斂。面對環境的改變，我用自己的步調，自己的方式，堅守自己所相信的，為無為，柔弱更勝剛強。

♞ 背後

文／張智九

活在戰場上的將軍才有軍魂，因為退出沙場後，總有難以想像的尷尬。不是功高震主，就是卸甲歸田。

在戰場上，還得煩惱後勤補給，甚至遠在皇宮裡的小人讒言，隨時左右著昏君的思維。於是才有所謂的【將在外，君命有所不受】。一切以當前敵我情勢為第一考量，否則就會如同岳飛，為著愚蠢而自私的皇帝賣命，最後卻也失了命。

所以，一個勇猛的將軍，後面必有一位智慧的明君，才有凱旋而歸的歡騰。一個能征善戰的元帥，後面必有一個肚大撐船的主子。不怕兔死狗烹，鳥盡弓藏，卸磨殺驢。

並不是一個成功的男人，後面一定會有一個偉大的女人。而是男人成功了，如果沒有一個有智慧的女人，再成功都會敗了，再輝煌都會毀了，再有成就都是泡沫。因為男是陽，女是陰，陽陰平衡方能長存。

我，有著不堪的曾經，有著踏實的現在，更有著無限可能的未來。因為我不是有著偉大的女人，而是有著如同貴人的女人與我同時輝映，才有霓虹般的絢麗，也才有日月交替的沉穩。

2018 年，戊戌年是我生命的大轉變，這背後有著一股難以形容的推動力。因為我終於知道為何而戰，為誰而戰，以何為戰。我盤點著我自己，我檢討著所有的曾經，我深刻明白我是為幫助而存在，為愛而奮戰。

誰是我的愛，爸媽、孩子，還有我的妻子黃子熏。誰是我該幫

助，所有有緣的人事物都需要我穩健的勇敢挺身而出。

　　元天系統成立了，凝聚著不同於任何組織的組織，燃燒著不同於任何能量的能量，猛然果斷的向前邁進。這一切如果沒有妳，如同緣木求魚。這一切如果不是妳，隨時沒有動力。我說不清我腦袋裡的邏輯，但我清晰我對妳的愛同步於我的感激。謝謝妳，我的愛妻。在未來的日子，我會更加精進學習，一起揮舞勝利的大旗。

　　一元復始，萬象更新。

　　我會為妳撐起一片天。

　　沒有霸王別姬，也無呂布迷亂的痴愚。因為妳不是虞姬，也不是貂蟬，而是如師如知己的神鵰俠侶。

信守承諾，不是做給誰看。

而是真正的八德之首，就是【忠】。

不是愚忠於迷失，不是愚忠於威權，

而是忠於自己的靈魂。

　　當一個人沒了中心思想，不忠於自己的言行，你說還有什麼可以被信賴的價值？

　　我，張智九，智慧向妳學習，一言必九鼎，頂天立地，感恩有妳。

♞ 蛋糕哲學

文／張智九

蛋糕，不只是一種美食，更是一種藝術，一種未來的期許，一種千變萬化的哲學。

蛋糕，是我迷途知返的提醒，是我浪子回頭發酵的轉折，更是我歷練江湖後無比的澎湃，尤其是我重生後點燃生命火燭，在那一刀切下後綻放的音符。

蛋糕的主成分只有兩種，就是蛋與麵粉，兩個都是生命的果實。麵粉，有低筋、中筋、高筋的區別，如同生命耐受性的強韌之差異。蛋，有蛋黃與蛋白，如同天地間陰陽的分離，卻也在時空的軌跡中孕育了真實生命的軀體，在那有如宇宙極限的蛋殼中，不急不徐的蛻變。

在盤古開天闢地後，蛋白如天，蛋黃若地，我們將其分離，就如同陰陽迥異。全陰是坤，全陽是乾。在不同比例的調和中，就有了 64 種不同的呈現差異。如同周文王的易經 64 卦的絕妙分佈。

將蛋白與蛋黃分開打或一起打，再和進麵粉，又有了不同的展現。將蛋白蛋黃麵粉三者同步一起運作，那又是截然不同的翻騰。

原料入模具後，送入烤箱，有如精子與卵子結合的在子宮裡著床，這時的烤箱的上火與下火的溫度都是必須考量的變數。尤其是那時間的掌控，如同胎兒成型的週數。不能太短，也不能太長。

每一個蛋糕出爐前，我都給著全心全意的胎教，除了愛的祝福，更是音樂的薰陶。當蛋糕出爐後，奶油的妝點，水果的陪襯，就像那給與嬰兒穿上的外衣，每一道手續都是真誠無比的愛意。再

為其取上一個名字，就是一個能量滿滿的生命體。

在這樣的過程中，我領悟著刀光劍影中無法體會的滿足與喜悅。因為每一個作品都是我的孩子，都是天使，都是為擁有者祝福的能量蓄積，傳遞幸福之愛的氛圍，在那吹熄蠟燭的瞬間，快樂在唇齒間釋放。

假的態度，不會有真的人生。

做給人看，從來不是修行。

不問興衰，不覺榮辱，只有方向，保持中道，才有自在。

真心的能量，客觀的角度，謂態度。

修正錯誤，扭轉行為，乃修行。

自我檢視，覺知存在，方自在。

不要濫用文字語言，迷亂了眾生與自己。

我在蛋糕烘焙的過程裡修煉著自己，一次次熏烤著我的本性。不怕曾經的過錯玷污，只怕錯過再一次的洗滌又被自己揮霍。

張開雙臂勤勞作，

智慧烘焙練火候，

九轉人生淚濕襟，

蛋糕重建我魂魄。

曾經茫然步步錯，而今醒悟不蹉跎。我是蛋糕哲學家張智九，用那陰陽交錯的蛋糕扭轉乾坤，改變人生。

♞ 臨界點

文／張智九

臨界點，這三個字在我的生命裡出現過好幾次。雖然至今我才三十，卻已如同生死輪轉好幾回。

1989 年 11 月 30 日射手 AB 型，32/5 的 5 號人。身為長子，從小有著不一樣的被期待。狼爸虎媽，恨鐵不成鋼的要求與管教，並沒有馴服我這匹野馬，反而激發了我叛逆的本能。幸好，我有一個智慧和藹的阿嬤，總在那生命的臨界點，為我懸崖勒馬。

讀書，必須用引導的，應該說凡事都要引導，而不是逼迫。在那少不經事的歲月裡，我像極了猛獸轉世，不受箝制。八歲開始在陣頭裡瞎混，在那龍蛇雜處的環境中，沒有沉靜靈性，而是養大了野心，我告訴自己我一定要幹一番大事業，只待我的長大。

媽媽痛心疾首，帶著我去跳海，想著既然教不了，乾脆同歸於盡，但我逃了上岸，因為我從來沒有自我了斷的那種懦弱。

13 歲，因為阿嬤的一句【我喜歡吃麵包】，我進入了烘焙業，將所有的不滿與憤怒在麵糰裡發洩，唯一的溫柔就是阿嬤貼心的慈悲。

有了能力，不一定有正義。
想要有正義，卻一定要有能力。
正義很容易被懦弱消滅，
伸張正義，先壯大自己。

15歲，我進入了幫會，在那社團組織的日子裡，更增長了我暴戾之氣的渾厚，所有可以想像的事件，無不涉獵。我成了名副其實的邊緣人，家族裡的問題分子，親友中的麻煩人物，真正的邊緣化與排擠。

高二，九部黑頭廂型車，在校門口圍堵，震撼校園，結束了我正常可以求學的歷程，我正式休學。當兵，表弟到海軍艦艇找我，我們在頂樓抽煙，對我說了一些奇怪話，我被叫醒時，手上的煙還燃著。不知是夢遊還是恍神，我開始被認定為精神病。然而，那次竟是表弟結束了生命，魂魄現前的親自表述。而我卻被瘋人化的提前結束了軍旅生涯。

19歲，是我永遠無法忘記的一年，我想著改變過去的生活模式，卻也真的同時發生了好多事。莫名其妙的成為了乩身，在阿嬤的期許中開了烘焙店。那一夜，颱風已至。半夜一點，阿嬤騎著三輪車來店裡看我，我驚訝著，這麼晚了，又這種天氣，阿嬤這樣太危險了，我請阿嬤趕快回家去。阿嬤笑笑的說【我來看看你】。

三天後，我才知道，原來三個小時後，阿嬤已經正式離開我了，那一面是最後一面。那一年阿嬤才68歲。那一刻，是我覺得最淒冷孤獨的時空，卻也是浪子悔悟的瞬間。

我曾經想要如項羽，霸氣一隅。也曾經想要如韓信，千古留名。卻在輾轉混沌的經歷中，明白了自己並不是這塊料。在那心軟如棉的體悟裡，我認真的檢視我自己。原來我只是用了18年，摸索著今生應該前進的方向。在我還沒透徹覺知的時刻，我的最愛，最愛我的阿嬤，已在遠方。你用著你所有的生命，在乎著你未來一定不會在乎的事。卻不願意用那有限的歲月，堆疊那天地蒼生

所共同在乎的價值，都是浪費。

　　2018 年，是我生命的最大轉折點，在妻子子熏老師的引薦中，認識了言武門的許宏師父。我才發現原來一切都在上蒼巧妙的安排。開啟了我塵封千年的智慧，重新一絲絲一縷縷的編織。不讀書的浪子竟然愛上了閱讀，尤其是師父寫的每一本書，從成就一瞬間到翻轉命運的力量，如數家珍。

　　特別是那本《美麗傳奇》，我如獲至寶，認識了植物的靈魂【精油】，找回了我不曾想起的精神，嗅吸著今生不曾聞過的味道。就像師父所揮灑的那首歌《擁抱》，彷彿就是我真正的寫照。

　　擁抱自己的魂魄　才知道心靈的感受

　　原來早已忘了困惑

　　那是一種蒼涼　古老的枷鎖

　　囚禁千年　欲掙脫

　　黑夜裡找不到陽光

　　虛空中找不到希望

　　所以我勇敢大步向前

　　燃燒著生命　努力被發現

　　不放棄一絲翻轉的機會

　　浮出陳封的水面

　　所以我猛然振翅飛舞

　　滾燙著熱情　努力被看見

　　蒸發一縷輕煙

　　隨風擴散　全世界

♞ 爆米香

文／張智九

　　我的家，都是善良的人。只是似乎沒有誰真懂得愛要如何表達，於是造成了彼此的誤解，劃下了深沉的鴻溝。

　　爸爸做模具工廠，媽媽車著專櫃的服飾，在我成長的歲月裡，甭談大富大貴，卻也衣食無虞。貴人與小人，不一定是人，但常常都還真是人。助，源於人。禍，亦起於人。最慘的是，將那小人當貴人，必然懵懂失了魂。於是家道中落，不再如前。錦衣玉食已是妄想。

　　爸爸用自己製造的模具與機器，轉在爆米香的市場中殺出一條血路，而這一晃眼也是十年過去了。

　　爆米香，是傳說中一間寺廟的住持為了避免老鼠對於米糧的啃食，於是將大米裝入加蓋的竹筒，卻在一次火災中，大米爆開來，長成了原本米粒的六七倍大。為了惜福，住持將這些爆開的大米收集了起來，沾著糖吃，傳了開來，就成了後來的爆米香。

　　果然，這是一種因禍得福的產物，也如同父親的遭遇。在爆米香的世界裡，考量的不是蛋的比例，也不是發酵的程度，而是壓力的給與以及參與的糖與麥芽。爸爸用著黑糖取代外面同業的特砂糖，堅持用著頂級的水麥芽。果然贏得了很多老饕的好評。開著車在新北市各區，引爆著古早純樸的香氣，也希望再度扭轉命運的崎嶇。

　　雖說兩代之間有著說不明白的代溝，但我沒忘我是爸媽嘔心瀝血的結晶。是我年少輕狂不懂事，把您們的愛當壓力，把您們的

教育當霸凌，請原諒孩兒智慧未開時的莽撞。

錢，我們曾經很多。錢，有時我們總覺不夠。錢，不一定能帶來快樂。但，我有責任讓您們不再感到因為錢而產生的壓力。因為確實我是如同您們所想的，我是嫡長子，我不能漏氣。

爸爸，年輕時用著模具，想要把我塑造想要的狀態。事業轉折後，卻用爆米香，引爆了我的智慧。媽媽，用著巧手，拼裝著不起眼的布料，卻成就了品牌服飾的虛榮。而我經過了這麼曲折離奇的歷練，我想即使沒長智慧也多了些歷練與經驗。

爸媽，對不起。過去，我沒腦袋想，不知道恐懼。現在我卻開始明白，害怕其實是在乎的外衣。我已沒了阿嬤，我感恩還有您們存在，讓我尚有機會報答您們的恩情。一切的發生都是最好的發生，請相信孩兒，已經不一樣了。就像師父所說的兵法。

當你發現自己好像少了點甚麼，

不必急著補上。

觀，內外皆觀，確認自己少了什麼。

史，從自己的歷史看看這個少，造成的影響。

盤，全面盤點自己的狀態與資源。

覓，精準尋覓可以填補的方向。

習，找到真正可以學習跟隨的老師，不斷練習。

整，整合一個全新的自己。

變，蛻變自己不曾擁有的能力。

轉，不斷微調。

逆，逆轉勝。

觀史盤覓習整變轉逆，不是抽象的咒語，而是萬事萬物成就的九部曲。請期待，米香引爆的那一刻，咱們一起大快朵頤。

饅頭與麵包

文／張智九

阿嬤最愛吃我做的麵包，大理石麵包。其實就是一種用烤的饅頭。管他麵包還是饅頭，只要是我做的，阿嬤都喜歡。

饅頭與麵包的差異在哪裡？饅頭是蒸的，麵包是烤的。於是不談口感，只談做法。那麼饅頭就是蒸的麵包，麵包則是烤的饅頭。看到這裡，你可能已經錯亂了。饅頭與麵包還有一個最大的差異就在發酵。饅頭不能發過頭，於是酵母菌放得少。麵包卻是越發越好，酵母菌必須放得多。在含水量，以及各種過程的溫度控制裡，都是大學問。

不發酵，當然扎實。
發酵，自然鬆軟。
對我而言，未發酵是實力，也是一種固執。
發酵，卻是一種無限可能的影響力。

如果你問我喜歡饅頭還是麵包，我的答案會是麵包。

聽著蕭煌奇的這首《阿嬤的話》，我想著我的阿嬤，想著我阿嬤對我講的話。

阿嬤，我想對您說，我以前不聽話，現在很後悔。但我在麵包蛋糕的世界裡，找回了自己。而且我不只會做烘焙了。我用烘焙的精神轉戰美容美體健康產業。尤其是在那植物精油與身心靈的視野，我有著不一樣的見解。

我並沒有悔恨曾經走錯的路，反而感恩這天地安排的美麗錯誤，讓我擁有更多的生命體悟。才能有那實質走過的痕跡分享給與那些迷途上的年輕人，另一種可以思考選擇的歸途。

我是幸運的，在想要金盆洗手的瞬間，沒有被阻撓。在想要重整人生的過程中，還能被祝福。我對這些情義相挺的兄弟們無限感激，更感恩那天地正氣沒有把我唾棄，最感謝阿嬤您對我的點點滴滴。

我不想說那噁心想吐的話語，不想編造神話故事般的傳奇。但我會謹言慎行過著好不容易走回來的步履。不敢說能讓您在九泉揚眉吐氣，卻也不會再讓您為我嘆息。

在麵包與蛋糕的天下，我有著自己的 SOP。在信仰與為人處事的網絡中，我也有著明確的判斷力。我已過 30 歲了。子曰：「三十而立。」君子因書而立。這一本是我的處女作，當然我感恩師父給與的機會，感恩所有一切的安排。感恩爸媽的不離不棄，感恩子熏的相知相惜。

但，我把所有的榮耀歸於您，把這本書獻給您。因為您，才有這浪子回頭金不換的自己。阿嬤，謝謝您。我愛您。你的孫子已經不再是饅頭，而是您最愛的大理石麵包，發酵得宜，紋路清晰，香氛撲鼻。

三的祕密

文／張菁芳

　　過去很多孩子一出生，命運就被算命師給決定了，有的因此變成媽寶，有的卻也注定悲慘，而我卻是算命師給祝福與肯定的。

　　媽媽第三胎生了我，看我又是沒了鳥的女孩，哭笑不得，想把我送人，但父親反對。於是去卜鳥卦。鳥卦卻說，當你們兩個老了，一定是這第三個女兒最貼心照顧。

　　高中時唸幼保科，都得練風琴，每當我彈時，媽媽總會跟著哼唱。對我講的話都是讚美、鼓舞。在我 18 歲生日時，還開心的為我打造了一條黃金項鍊。六個兄弟姊妹，只有我有，至今依舊不知原因。

　　1989 年，大姊車禍意外走了，爸爸心境重創。那一年剛好開放老兵赴大陸探親，於是爸爸也自然跟上了這波返鄉之旅，以解思鄉之情同步療癒喪女之痛。從那起大多的時間都在福建福州，將那積蓄陸續帶至內地，重建那破碎的心靈。

　　然而最後病苦之時仍然撤退回臺，因為福州只能算是出生地。人事變遷後，落地生根的才是真正自己的家，爸爸享年 87 歲，我在身旁。

　　媽媽最後病危時，屏東的弟弟說臺北的醫生比較厲害，設備比較好，轉去臺北吧。我來回 13 小時持續開著車，心急如焚的回顧著媽媽所有的一切，尤其是那一份為了家為了孩子刻苦耐勞的精神。然而，到了臺北，媽媽還是走了。那一刻，我也在身旁。

　　幾年間，爸媽都離開了，千頭萬緒，屋漏逢雨之際，我瞬間如

同孤兒，品味那無常帶來的孤寂。突然想起算命師的話，第三個女兒……

我痛哭失聲，心肺欲裂。沉靜一段時間後，我選擇重新再活一次，在那沒有爸媽的日子裡。我有著一對兒女，先女後子，恰為好。而我把此刻的自己當成自己的第三個女兒，再一次翻轉自己。

想要改變結果，先得改變狀態。

想要改變狀態，先得改變思維。

思維包含行為，行為擁有思維。

當思維與行為一體，

夢想不再是空無的虛擬，

而是實境感受的真正呈現。

在航空公司服務近六年，當了多年的牙醫診所的醫師娘，從天空到地上，從服務者變成管理者。而今的【華芳天然企業社】，卻是奉獻者。

從平凡樸實的物質裡，釋放太陽的光，在那遠紅外線的振盪中，填補 60 兆細胞對愛的渴望。從黑芝麻裡召回玄武的能量，在那杏仁芬芳的濃郁中迴盪清香，在那花生汲取的地氣裡還愛土壤。當那農婦般的工，打造不一樣的醬。那已不是口感味蕾的挑剔，而是每一丁點都震撼的出將入相，在那舌尖上綻放的華芳。

當你倒立，

壓力就成了推進你的動力。

234

當你站穩，

絆腳石就成了你的墊腳石。

爸媽，您們的愛，

孩兒正在發揚，

請在天上同步品嚐。

小分子正能量

文／張菁芳

小，不是大的元素。

而是大時沉澱後的思想。

小，不是脆弱的表象。

而是堅強內斂的宏觀。

　　因小失大的事屢見不鮮，小兵立大功的案例層出不窮。千萬不要小看任何人事物，因為魔鬼藏在細節裡，能量藏在細胞裡。於是【小】就是我建構我能量事業的基本方向與原則。

　　小分子正能量，

同頻共振在華芳。

　　Far Infrared（FIR）遠紅外線，是紅外線的一個光譜區段，生物體通常以溫度感受它的存在。頻率與波長，只是對於光，陰陽

相反的兩種陳述模式。

被特定區段波長的光所照射過後，必然產生各種不同的影響。如 UUV 紫外線的殺菌力眾所週知，藍光的潛在殺傷力也已被重複研究報導。而遠紅外線至今而言幾乎都是來報佳音的。包含 4um ～ 14um 的 FIR，對於微細血管擴張，促進循環代謝，提升免疫力，都有很大的助益，於是被稱為【生育之光】。FIR 被用在科技上與天文的運用上已經非常普及，尤其那促進酵素【酶，Enzyme】活化的現象，廣泛引起了養生界的重視。

華芳的簡寫就是 HF，除了是品牌的 logo 外，更是高頻率的代表，High Frequency。高頻率代表高能量，卻又不是所謂的大能量。不在大小上煩擾，而在層次的高低琢磨。

曹操問司馬懿：「人的腳為什麼特別白呢？」

司馬懿說不知道。

曹操笑說：「因為腳，老是藏著。」

這個小典故，是曹操暗示司馬懿，他清楚他的野心啊！

能量，被奸商炒作爛了。

正能量，被騙子濫用慣了。

所以，我突然不喜歡這幾個字，卻又不得不用這些字，因為那是我一直在做的事。

我把遠紅外線的高頻率，用科技、用真誠的念力轉成愛，藏在食物裡。不談抽象的能量話語，但你可以把我的愛吃進肚裡，在每一天的生活，每一次的呼吸，都有我的愛與祝福與你在一起。

當你覺得很懂了，那是找到自信了，很好。

當你認真的發現不懂了，那是開始成長，更好。

懂是不懂的開端，不懂是懂的起點，都好。

人的鏡像是入，

遇見了鏡子裡的另一個自己，

才是生命平衡的入門。

能量也是一樣，

小分子的鏡像卻是高能量。

什麼叫驚嘆？

就是你看不起的，

你覺得不可能的，

明天你就嚇壞了。

今天你説的都是難處，

明天你必然悔不當初。

此刻你説再想想，

下一秒已太晚了。

2 有孝無順

文／張菁芳

有孝無順，是父親從小對我的評價。但我清楚父親最疼惜的就是我，因為我最貼心，最會撒嬌，卻也最叛逆。天主教週日都要彌撒，於是當時我總覺得每天都得早起，真是無趣而痛苦。

高一時愛穿涼鞋，愛漂亮不穿襪子。爸爸說了半天，我就是打死不從，於是我被罰跪一個下午，而那雙鞋子，父親就用一把怒火燒了。沒鞋穿，索性也不去上學了，當了一陣子的美髮學徒，竟也讓我練出一雙巧手，在後來的日子派上了用場，包含為獨居老人們的慈善義剪。

爸爸騎著 50C.C. 的摩托車，夠小了，卻要載上兩個孩子，而我卻一定要硬擠上。爸爸無奈中也只能配合，卻也覺得好玩。

爸媽的互動很有趣。爸爸真的很疼媽媽，不捨媽媽忙裡忙外，還會幫忙煮飯菜。我跟媽媽一樣，邊吃還會邊唸叨這麼難吃還愛煮，爸爸卻也欣然接受。

媽媽總會買大鍋子，用柴火煮洗澡水。爸爸不捨媽媽看著火焰的傷眼，於是將鍋子砸了，買了瓦斯爐。但媽媽覺得這樣很浪費，於是過幾天就又買回了鍋子繼續燒柴火。

鄉下養雞鴨，為自己加菜，實屬平常。媽媽自然也在院子裡養了起來。但爸爸感覺如此會造成環境髒亂，對孩子的呼吸道也不好，於是就把雞鴨全放生了，禁止媽媽再養。沒幾天，媽媽又去買小雞小鴨回來。

這樣的生活模式與孩提時期，烙印在我的心坎裡，多了點趣味

238

與回憶。雖說全然的順從，我做不到。但我卻也能夠盡著身為子女應有的孝道，不讓爸媽為我起煩惱。

孝，太重要了。這是我評斷一個人的最基礎。連基本的孝心孝行都做不到，那麼再優秀都是假的，多有責任感都是騙人的。

樹欲靜而風不止，子欲養而親不待。不要說等你功成名就那一天才來回報父母恩，因為很可能永遠沒有這一天。

擁有的，不要覺得理所當然。

失去時，就不會覺得太突然。

好事，你問為何不是你。

壞事，你會說為何是你。

那麼，該是誰？

沒共識難以共事，

但不先共事，如何建立共識。

不要期待一開始就對了，

因為【對】是在很多的【錯】之中選擇與調整出來的。

包含對的人，對的事。

給彼此錯的機會，才能鍛鍊對的能力。

但，唯獨孝這件事，很難培養。

若說不孝之人，能忠於事，那就真的好笑了。

♘ 空

文／張菁芳

2018 年 5 月，我主辦了一場小學同學會。開著車回到了屏東縣東港鎮大潭里，經歷了將近半個世紀，我已經忘了學校以及回家的路。藉著衛星導航，我看著小時候住的房子，似乎進入了時光隧道，有著一種淡淡的感傷，因為已經只剩殘磚破瓦了。我想著，我應該把這塊地買回來，重拾童年的溫暖。

大潭國小，東港國中，新基高中，進遠航，唸空大。

天空一直是我的最愛，從小就愛坐飛機。還記得第一次是因為爸爸的關係，於是有機會搭軍用運輸機，傳說中的老母機 C130。從機尾上下，坐在飛機的兩側，綁著安全帶，聽者四個螺旋槳的轟隆巨響，有著莫名的快感。這時候我明白了，我不但不會暈機，沒有恐懼，而且有一種翱翔的喜悅。

航空公司，天上飛，地上勤，我都待過，這是我職涯中很重要的階段。雖然擔任空姐的角色沒有太久，卻是我很享受工作的一種樂活，因為航空業不只是運輸業，更是一種典雅與效率兼具的服務業。在那六年，我沒有浪費我的青春歲月，而是生命起飛的應對進退。回首來時路，我只有滿滿的感謝。

我不暈機，卻會暈車，不論誰開車，再好的車，我都暈，因為那是一種無法自我控制的地面摩擦的晃動與振盪。就像我的人生，只能自己掌握，不能假手於他人，因此我只能自己當司機。

旅遊，是行萬里路，飛萬里天的時空挪移，對我而言更是一種品味人生百態的學習。踏遍歐美，我最愛的就是西雅圖，因為西

雅圖的一切最像臺北。此刻，我才驚覺我愛的不是虛榮的華美，而是故鄉的滋味。

於是孩子的求學，我就是讓他們選擇能在擴展自己視野的同時，也能激盪祖先的熱血。在孩子的童年裡，我沒讓他們空缺，外聘耶誕老人送禮物，都讓他們徜徉在童話世界的美。雖是虛無的夢幻，卻也是思維的一種跳躍與紛飛。

人類因夢想而偉大，因自主而壯大。從小我就會做生意，批發零售糖果，以及童玩的抽獎遊戲，那是下課時間的作業，放學時還能帶著滿滿的收穫回家。剝牡蠣、撿紅豆，各種鄉村的代工都嘗試。那時我就在想，長大後一定要成為一個有道德的商人。看著許宏老師 2015 年的大作《大商的味道》，我有著深度的感動。

商人分成四種，第一種是奸商，唯利是圖，草菅人命。第二種是非商，以商務之行，展公益之實。第三種是小商，將本求利，逐漸開拓。我當然不齒於奸商，未行於非商，輾轉於小商。但，我確實想做的是第四種商人【大商】。大商擁有兩易，而非兩億。一是利益，一是意義。

以利益壯大自己的能力，做更多有意義的事。於是我創立了【華芳】，希望用那如華朵般的盛開，綻放中華兒女的智慧，歷久彌新而芬芳，呈現那由小而大，奔馳而飛翔的大商味道。

張開胚芽菁英展
芳香撲鼻闖天涯
存在倉庫裡的是無常，
存在戶頭裡的是錯覺，
存在記憶裡的是經驗，

存在行為裡的是體會，

存在習慣裡的是能力。

存在別人心裡的是奉獻，

存在自己心裡的是感激。

你是誰，不重要。

而是你把自己存在哪裏？

我，張菁芳把自己存在天地人共振的感動裡。

🨄 海

文／張菁芳

我喜歡海，因為那是我成長的地方。出生在屏東東港鎮大潭，一家子六個孩子一大票擠在一個十幾坪大的房子。國中時搬到大鵬灣附近的眷村，因為信仰的關係，天主教會於是把在大鵬眷村舊的天主堂兩合院，讓爸爸領全家搬到此居住。瞬間大了十幾倍的空間，可能是全家人心想事成的結果，因為原本的房子實在太小了。

話說 1949 年，爸爸跟著國民政府來臺，因為爸爸就是空軍，傳說中的老士官長，住到大鵬灣，名副其實。也因為如此，讓我想學鵬鳥飛翔，為前進航空公司服務埋下了伏筆。

外公與舅舅都是討海人，而我最喜歡來自蒼茫中的生鮮。天空是夢想，大海是希望，在那海天一色的臨界點，我看到了自己的方向。

望著海平面，我穿越了時空的藩籬。

想著海浪的憤怒與抓狂，

想著海潮不曾停息的討拍與上岸，

想著海裡的神祕令人充滿想像，

想著海的包容大肚量，來者不拒於一堂。

想著海的感傷，卻又波光瀲瀲的浪漫。不必狂飲，海的滋味，已在那風裡釋放。

天若有情天亦老，海必有情聲聲嬌。我總是在岸邊對著海說話，也總在夜深人靜聆聽海的回應。這是一場談不完的戀愛，卻也從來沒有嫉妒憎恨的往來。只有淡淡的心靈交流，卻又是那麼濃烈的共鳴。

我向海丟了石頭，她沒丟還給我。我向海要了點愛，她卻說她的愛隨時都在。這時候，我看見了自己的渺小，體會了滄海的偉大。於是，我不再追求偉大，卻成就著每一角落。我不再鎖死在自己的框架，勇敢踏出著每一步。

海，是每一個水分子共同的嚮往。

那是物以類聚的中心思想。

有如狼群的團結，才有浪潮的激昂。

【大】從來不是天生的堅強。

而是每一個【小】的積累與苗壯。

欲成其大，先覓其小。

大是一種老，小才是青春的樣貌。

於是我開始用【華芳小分子】回歸本來，翻轉芳華。

2 大阪天守閣

文／曠秀凰

旅行，不一定是每個人的興趣。環遊世界，也不是我的夢想。去過不少地方，但是讓我再次渡假，不假思索，我還是選擇日本大阪。為什麼？沒為什麼。只是很巧的，我與夫君每每到了日本，吸到了空氣，就覺得非常舒服。

我沒什興趣，乏味得很，平日的休閒娛樂竟然是學日語。這樣的日本控，難道是前世因緣，我不知道。

走馬看花的跟團，我從來沒興趣。雖然可能可以看見很多景點，卻無法真正體會當地的人文氣息，於是不論時間的長短，我們的旅行一定是自由行。住民宿，每天睡到自然醒。看地圖，搭大眾交通工具。不當遊客，當居民。

壓力，有時不是刻意去感受的，却不知不覺的在承接。到達一個極限時，身心都會出現問題。於是說走就走的假期肯定不會是老闆給的，而是自己決定的。

工作是為了生活，但生活卻只剩下工作時，我們確實會重新反思工作的意義。那一年沛堯與我都在檢討我們各自的工作發展，雖說上級都是器重的，但卻犧牲了根本的生活。在這種必須斷然取捨的關鍵時刻，我們決定暫時放下身邊的一切，飛往日本。

這一趟日本行，一去就是 40 天，東京大阪各半，同步咀嚼日本這兩個最偉大的城市。若說品味這裡的生活，享受這裡的美食，其實是枯燥的，是乏味的，是沒有臺灣的多元花俏與燦爛的。但我卻在這裡感受到中國古代的樸實與典雅，是規矩的，是莊重的。

244

最令我流連忘返的是那大阪天守閣，彷彿見到了日本戰國時期的盛況，豐臣秀吉的輝煌。在這裡，我可以駐足沉思三天三夜，有如翻閱當年歷史的詩篇。

其實現在的大阪天守閣已是第三代了。第一代戰亂被毀，第二代雷擊損傷，但對那精神的渴望，日本不惜重金重建，不放過細膩的一片片金鍍磚瓦。這是值得我們效仿的態度。

大阪原名大坂，這與地形有關。但中文裡，土反地震，士反操戈，都不吉利。於是明治時期正式更名為大阪，果然明智。豐臣秀吉在生前留下一句名言，大致如此描述，【隨露而生，隨露而逝。短暫一生，風氣雲湧，宛如夢中】。

如同《金剛經》裡所言：「一切有為法，如夢幻泡影，如露亦如電，應作如是觀。」一將功成萬骨枯。我們生命中，不論做了多少事，切記沒什帶得走，享受的是利益，留下的是意義。享受會過，意義長存。你我皆是。

生命記者

文／曠秀凰

世新大學新聞系是我的最愛，如願進入了自己嚮往的學校與科系就讀，也在這裡締結了唯一的一場戀情，相知相惜，讓我的世界全然一新。這是所有女性嚮往的幸福，從一而終。

畢業後順利進入中天新聞，實習記者半年，編輯採訪，雖然很辛苦，卻也很刺激，很好玩。

那年頭跑新聞，不像現在大多都在網路上取材，而是真人實境的的現場。跟時間賽跑，是很多人對青春流逝的感慨，而第一線的新聞工作者，恨不得可以進入小叮噹的任意門，直接到達現場。我們無法用光速，也無法用超音速，因為那是開車啊。

越危險的地方越要去，因為總希望在第一時間到達目的地，讓大家品味到最新鮮的消息，聞到那當下該有的領悟。所以我們的採訪車很像在拍攝《玩命關頭》，闖著玩命關，不懼那頭七。SNG 車的 SNG 全名正確來說是 Satellite News Gathering，衛星新聞轉播。在那當下，我見證了記者的偉大。更佩服那些此起彼落的戰地記者，在那烽火連天的前線中，冒著隨時陣亡的危險，也要把最真實的的畫面記錄與傳播到全世界。

對我而言，記者不只是事件的記錄者，更是歷史真相的傳遞者。如果沒有一股使命感，滿腔的熱血，很難在這份工作中找到成就感，更容易灰飛煙滅於每天被覆蓋的價值中。

身為長女，我很想為自己的父母親爭得一點顏面，而不是只在生活與工作中的錢多事少離家近。但，媽媽疼兒女的心念總也難

免框架了奮戰的可能。於是沒有太久時間，我被母親擔驚受怕的心靈給說服了，回家接祖業，共同開餐廳，賺取了人生第一桶金。

奶奶是餐廳第一代，爸爸第二代，我與弟弟第三代，在那時尚典雅風中，我們又延續了五年。行銷企劃，客戶應對，是我的強項。但餐飲業的歷久不衰，是那民以食為天的自然，卻也無法避免那另一種前置作業的刀光劍影，於是正式熄燈另奔前程。

爾後教了英文安親班兩年，在一次婚禮中巧妙的發現對美業的興趣，於是我成為了新娘祕書。在攝影館擔任彩妝師，後來成為店長，再度接手行銷。從此與美麗的世界結下了巧妙的因緣，記錄著各種美麗的蛻變與發生。

幾度跨產業的轉行，我沒有懷疑過自己，也從不思考是否可以，只要願意，全力衝刺而已。我看見了自己的無限可能，看見了生命韌性造就的各種奇蹟。

你的理由，通常只是藉口。

你總會說【如果你沒有了這個阻礙】，那麼你就能怎樣。但事實上，拿掉了你所有的阻礙，你依舊不能怎麼樣。對於自己的目標，別給自己任何理由，只有要不要，沒有能不能。

雖然不在媒體界繼續深造，但我以曾經身為新聞工作者為榮，因為我不曾割腕釋放那流淌在靈魂裡的記者血液。我用最實際的生活體悟與實戰的工作經歷，探究著人生百態，琢磨著生命價值。

曠氏家聲振漢唐

九天星斗煥文章

權兵百萬降邊圍

拄國無雙協帝王

應有勳名扶社稷

更請忠義佐朝綱

綿綿譜牒傳今古

一字千金御墨香

　　這是民族英雄，忠肝義膽，留取丹心照汗青的文天祥，為曠姓的讚揚與歌頌。這一幅墨寶至今依舊裱框敬奉於娘家大廳。每每瞧見，都是澎湃的激勵。

　　在今天，我也深刻的採訪與編輯一位真誠而勇敢的曠氏後裔，那就是我自己。但還沒到尾聲，精彩可期，讓我們繼續看下去。

我是生命記者／曠秀凰

新北市報導

2 我的世界我的家

文／曠秀凰

家，是每天要回的地方，就像漁船漂流再久，也得在港灣靠岸。而我就是感性充沛，需要愛，需要溫暖與安定的雙魚座。家，是我歸宿，是我的安全感，是生命最重要的方向。

結婚之前，家是爸爸媽媽還有弟弟。結婚之後，家不只是嫁，更是加。加入了老公，加入了更多的成員，加入了更佳的團隊。結婚之前，爸爸【曠偉天】是我的天，偉大的天，媽媽【簡滿】是我的滿足，簡單幸福的滿足，帶著我與弟弟【曠開翔】展開精彩人生，翱翔快樂的翅膀。結婚之後，夫君【葉沛堯】是我的呼吸，充沛我的精神，更習堯舜潤精神。停在枝葉上，不再心徬徨。

你的心有多大，世界就有多大。
我的心不大，就是我的世界，我的家。

小饅頭，是我們養的一隻流浪狗，一隻馬爾濟斯的種母。說來淒涼，生了三窩小狗後，已經百病纏身，對於寵物買賣的人而言已經沒有利用價值。最後的結局不是送人領養，就是安樂死。於是我要給她一個家。

我們花了很多銀子治療牠的病，因為牠就像是我們的孩子。我們不在家，委請長輩幫忙餵食，小饅頭不吃，長輩脫口而出：「你這個狗東西。」看似沒有什麼的一句話，卻鬱悶了我的夫君。因為在我們的生命裡，小饅頭早已不是一隻狗，而是這個家的一分

子，我們的女兒。

江西吉安泰和是宗族社會，曾經被破壞抑制，而今卻也再度回復。一村一姓，無村無祠。那種團結的共生，是我們曠姓家族的特點之一。不難窺探為什麼我對於「家」這個字，有著這麼濃烈的情愫。或許是曠姓曾經的曲折離奇與顛沛流離，在那祖先的細胞記憶裡，創傷還得再療癒。

房子沒有人，就只是個建築。家如果不同心，就只是空洞的房子。所以我的夢想超簡單，我希望沒有金錢工作上的壓力，能夠幫助一家人共同生活在一起，越大家越好。我也沒什特別專長，好像什麼都會點，要長不長，說短不短。後來我明白了，這樣的專長叫中庸之道。

強者，勇者，易得助。

此乃靠攏效應。

弱者，怯者，易受害。

此乃棄車保帥。

生物的狀態皆如此，

人類的世界也必然如此。

危機存亡之際，只能自助自強。

天助自助者，地承自強者。

自己無能，呼喊同情，

乞求幫助，愚蠢至極。

因為此刻，引來的不是希望，

而是鬣狗群聚般的霸凌，

還有禿鷹冷眼的腐食等候。

此乃大自然的慣性。

自信與自卑，只是一種習慣，

與現況以及能力全然無關。

於是我選擇養成自信的習慣。

　　不惑之年，我對自己的人生已沒有了困惑，清楚明白了自己的方向。就是要壯大自己，壯大我的家。

　　當你與我靠攏，我們就是一家人。

2 健調養協

文／曠秀鳳

　　從記者的角度而言，捕風捉影可能是聳動的賣點，可能是行銷上吸睛的亮眼，但卻是不扎實的呈現，對於讀者聽眾觀眾消費群而言都是不公平的對待。於是我特愛 Long Stay。沒有深入其境，不知真實樣貌。我突然在想我應該去調查局或刑事組辦案才對。

　　對於美這個產業，是那學生時代不曾想過的路徑，誰知後來竟然從新娘祕書到攝影專業彩妝師甚至醫美行銷企劃師，一走又是好多年。因緣際會被引薦到昱荘國際美容機構擔綱行銷總監，認識了董事長林殷羽老師，本以為這只是一段美麗的展現，誰知竟然又是另一個成長的驚艷。

　　殷羽老師有好多的夢想，應該說是偉大的願景，就像汪洋般的

浩瀚。而我正是雙魚，這一個歷史性的交匯，就像魚兒遇到了水，相得益彰。

當然，感動的不只是殷羽老師給的舞臺，更是她的理念與堅持。在她多年的美業路途中，把小愛擴充為大愛，把小商發揚為大商，成立了【社團法人中華健康調理美容美體養生協會】，簡稱【健調養協】。

從這足足 18 個字的協會名稱來看，不難發現協會所涵蓋的廣大層面。希望藉由這個平臺，結合各界的菁英專才，服務與培育協會裡遼闊的會員成員。

協會最重要的方向就是訓練相關的特殊技能，養成師資，讓摸不著頭緒的二度就業者能夠有更多的一技之長。因為一技若要長，就必須深寬而高廣。過去，對於 SPA 的認知只在按摩紓壓，從不知經絡。來到協會後，才真正從身心靈的全方位面相深度切入，有如看到了另一個世界的驚嘆。

我也產生了實際的功能，陸續為協會建構官網，以因應時代消費習性的變化。並且與韓國 IFBC 對接成為姐妹會，讓國際化不再只是夢想。

複製，是一種學習，會升值。

抄襲，是一種竊取，會貶值。

複製與抄襲，動作一樣，心態不同。

做著同樣的事，卻有相反的結局。

人蓋棉被，為什麼會暖？是因為被子本來就溫暖嗎？不是。是

人釋放了溫度，而被棉給保存了下來，沒有消散，故稱【保暖】。於是，我們明白了。幫助別人，就是一種能量的保存，保存在別人的身上，就是幫助自己的一種存糧。

如果你問，健調養協的宗旨是什麼？我只想簡單的用兩個字代表【幫助】，就像我對林殷羽老師的千言萬語，我也只用兩個字【謝謝】。

2 曠世奇才

文／曠秀凰

一杯蝶豆泉湧情
藍波蕩漾映祖心
曠野秀麗泰和園
鳳凰于飛富貴臨

1949 年爺爺駕駛著飛機來到了臺灣，1979 年我也來了。只是爺爺奶奶都是從天而降，而我卻是釀肚而出。爸爸是純正江西泰和人，而我卻是與臺灣嘉義姑娘的混血兒。這樣的曠世奇才，爺爺給了一個偉大的名字【曠秀凰】，不是因為七步成詩，而是看著臉盆裡的八個字【花開富貴，鳳凰于飛】，子孫的名字就都落成了。

曠姓在臺灣太少了，如果有，必定是親戚。源頭都來自江西吉安的泰和，再往上追溯，那就精彩了。東漢河陽侯黃宣之後代，

唐朝神龍年間之黃賢，因守關失敗，命二子逃亡易姓。長子黃旦改姓【鄺】，次子黃丞改姓【曠】，同音同源。也因此不難明白為何在百家姓裡沒有這個姓。顛沛流離後的追本溯源本就是曠時廢日，卻也見證了祖先急中生智的嘔心瀝血。

我的姓名，從小到大直接唸得正確的少之又少，於是為了減少大家與自己的困擾，我幾乎都用爸爸給我的名字【艾麗絲】，夢遊仙境已多年。

花生肉品蔘茸酒，
忘掏半點白米鍋。
阿茲海默無識親，
濁唾滿地不知愁。

這是爺爺的晚年生活，最後被食道癌奪走了軀體，再度讓靈魂騰飛天際。爺爺失智隨意咳吐的唾涎，讓其愛妻，我的祖母滑倒了，從此臥床。腸子不蠕動，看護勤按摩，最後卻發現腸子破洞，腹膜炎致命。

這樣的連鎖效應，著實讓我對生命的無常有著深深的感受。深知醫院不是養生的保證，卻經常是茫然的醫治，捉襟見肘。有時我也會望著天空思索，如何讓我所有關愛的家人都能平安健康無煩憂。

祖籍之江西吉安泰和，歷代多次起落，風起雲湧的戰亂與躲藏，也留下了名人志士之字句，尤其那《登快閣》更是黃庭堅、文天祥相繼揮灑筆墨。盼那智慧盛開時，也能曠野寄情耀泰和。

沉澱不沉重

沉著不沉痛

沉思不沉淪

沉默不沉膩

沉穩不沉悶

沉潛不沉陷

曠秀凰如那沉香

沉靜中釋放的幽香

療癒祖先輾轉的憂傷

廣曝日光

秀美藏智

為生命點燃希望

決戰與決策

大時代的生存兵法《言武門兵法》

編　　　著／許宏
作　　　者／許宏・于麗娜・李佳穎・林殷羽・洪守柔・張智九・張菁芳・曠秀凰
特約總編輯／許宏
美 術 編 輯／孤獨船長工作室
責 任 編 輯／許典春
企畫選書人／賈俊國

總　編　輯／賈俊國
副 總 編 輯／蘇士尹
編　　　輯／高懿萩
行 銷 企 畫／張莉滎・廖可筠・蕭羽猜
發　行　人／何飛鵬
法 律 顧 問／元禾法律事務所王子文律師
出　　　版／布克文化出版事業部
　　　　　　臺北市中山區民生東路二段 141 號 8 樓
　　　　　　電話：(02)2500-7008 傳真：(02)2502-7676
　　　　　　Email：sbooker.service@cite.com.tw
發　　　行／英屬蓋曼群島商家庭傳媒股份有限公司城邦分公司
　　　　　　臺北市中山區民生東路二段 141 號 2 樓
　　　　　　書虫客服服務專線：(02)2500-7718；2500-7719
　　　　　　24 小時傳真專線：(02)2500-1990；2500-1991
　　　　　　劃撥帳號：19863813；戶名：書虫股份有限公司
　　　　　　讀者服務信箱：service@readingclub.com.tw
香港發行所／城邦（香港）出版集團有限公司
　　　　　　香港灣仔駱克道 193 號東超商業中心 1 樓
　　　　　　電話：+852-2508-6231 傳真：+852-2578-9337
　　　　　　Email：hkcite@biznetvigator.com
馬新發行所／城邦（馬新）出版集團 Cit 　(M) Sdn. Bhd.
　　　　　　41, Jalan Radin Anum, Bandar Baru Sri Petaling,
　　　　　　57000 Kuala Lumpur, Malaysia
　　　　　　電話：+603-9057-8822 傳真：+603-9057-6622
　　　　　　Email：cite@cite.com.my
印　　　刷／卡樂彩色製版印刷有限公司
初　　　版／2019 年 7 月
售　　　價／360 元
Ｉ Ｓ Ｂ Ｎ／978-957-9699-97-6

城邦讀書花園
www.cite.com.tw　布克文化 www.sbooker.com.tw